AF027129

Zehn Lösungen aus dem Grundbuchrechte der Staatsprüfungs-Aufgaben seit 1919

Von

Dr. W. Kriener
Oberamtsrichter in München

1930
München, Berlin, Leipzig
J. Schweitzer Verlag (Arthur Sellier)

Druck von Dr. F. P. Datterer & Cie., Freising-München

Vorwort.

Als langjähriger Kursleiter habe ich die Lösung eines Teiles der neueren Staatsprüfungsaufgaben aus dem Gebiete des Grundbuch- und Immobiliarzwangsversteigerungsrechtes versucht; bei der Auswahl war die Absicht maßgebend, nach Möglichkeit verschiedene Fragen auf diesem Gebiet zu behandeln.

Wo dies zweckmäßig erschien, bin ich über die direkte Lösung hinausgegangen und versuchte durch kurze, systematische Erörterungen ihr beizukommen; bei der Sprödigkeit des Stoffes und dem Mangel an praktischen Grundbuchlehrbüchern hoffe ich damit, dem jungen Juristen über die einzelne Frage hinaus einen freieren Überblick über das materielle und formelle Grundbuchrecht geben zu können.

München, im Mai 1930.

Dr. Kriener.

Inhaltsverzeichnis.

Nr. 1.

Staatsprüfung 1919, Herbst I. Abt. 2. Aufgabe.*)

I.

1. Der Eintritt in ein fremdes Schuldverhältnis mit befreiender Wirkung für den bisherigen Schuldner kann auf dreifache Weise erfolgen:

a) Durch Vertrag zwischen Gläubiger und Übernehmer nach § 414 BGB. Einer Mitwirkung des alten Schuldners bedarf es nicht; der Vertrag befreit ihn ohne weiteres.

b) Durch Vertrag zwischen Schuldner und Übernehmer nach § 415 BGB. Die Wirksamkeit der Schuldübernahme hängt hier selbstredend von der Genehmigung des Gläubigers ab. Bis dahin besteht ein Schwebezustand (§ 415 Abs. 1 Satz 2) und liegt nur eine Erfüllungsübernahme nach § 415 Abs. 3 mit § 329 BGB. vor mit der Wirkung, daß der Übernehmer nicht dem Gläubiger, sondern nur dem Schuldner gegenüber zur Zahlung verpflichtet ist. S. Planck, IV. Aufl. (1914) § 415 Anm. 7 und § 329 Anm. 1. Der Schuldner oder der Dritte kann den Gläubiger mit oder ohne Stellung einer Frist zur Genehmigung auffordern. Wird eine Frist gestellt und wird binnen dieser die Genehmigung nicht erklärt, so gilt sie als verweigert.

c) § 416 BGB. enthält einen Spezialfall der Schuldübernahme bei Gelegenheit des Grundstückserwerbs. Ist das Grundstück mit einer Hypothek belastet, so geht diese als dingliche Last ohne weiteres auf den Erwerber über, der Veräußerer bleibt an sich nach wie vor persönlicher Schuldner. Will Erwerber auch persönlicher Schuldner werden, so ist neben dem Vertrag zwischen Veräußerer und Erwerber noch Genehmigung des Gläubigers erforderlich, für welche besondere Bestimmungen gelten: Die gewollte Schuldübernahme kann dem Gläubiger nur vom Veräußerer mitgeteilt werden, sie kann erst mitgeteilt werden, wenn der Erwerber

---

*) Schweitzers Sammlung „Aufgaben der Staatsprüfung für den höheren Justiz- und Verwaltungsdienst" 1919 (= Schweitzers PrüfAufg.) Heft 2, S. 4.

im Grundbuch eingetragen worden ist, wird binnen der Frist von sechs Monaten keine Erklärung abgegeben, so gilt die Schuldübernahme als genehmigt.

2. In unserem Fall ist nur Kaufvertrag nach § 433 BGB. abgeschlossen worden. Auflassung und Eintragung nach §§ 873, 925 BGB. und damit Eigentumsübertragung sind nicht erfolgt. Daher kann es sich hier nicht um eine Schuldübernahme nach § 416, sondern nur um eine solche nach § 415 BGB. handeln. Übernehmer Karg hat den beiden Gläubigern die Schuldübernahme ohne Stellung einer Frist mitgeteilt. Die Vereinsbank hat keine Erklärung abgegeben, der Schwebezustand besteht daher hier noch weiter. Gläubiger Wolf hat die Schuldübernahme ausdrücklich genehmigt, hier ist daher die Schuldübernahme perfekt geworden. Bezüglich der Rechte der Vereinsbank ist daher Hahn nach wie vor persönlicher und dinglicher Schuldner, bezüglich der Rechte des Wolf ist Hahn dinglicher Schuldner der Hypothek geblieben, dagegen Karg persönlicher Schuldner der Forderung geworden.

3. Der Einwand des Karg gegenüber Wolf, die Schuldübernahme sei schon deshalb unwirksam, weil ihm das Grundstück nicht aufgelassen sei, ist deshalb unbegründet; denn es liegt nicht eine Schuldübernahme nach § 416, sondern eine solche nach § 415 BGB. vor, deren Voraussetzungen erfüllt sind.

4. Karg will mit seiner weiteren Einwendung offenbar sagen: Selbst wenn eine Schuldübernahme erfolgt ist, ist sie doch deswegen wieder erloschen, weil der Kaufvertrag und mit ihm die Schuldübernahme wieder rückgängig gemacht wurden. Zwar ist richtig, daß der Kaufvertrag formlos, also ohne Einhaltung der Form des § 313 BGB. wieder rückgängig gemacht werden konnte (RGRK. [1921 und 1928] § 305 Anm. 1). Aus der Rückgängigmachung des der Schuldübernahme zugrunde liegenden Rechtsverhältnisses, des Kaufvertrages, ergibt sich aber keineswegs die Rückgängigmachung auch der Schuldübernahme.

a) Dies ergibt sich einmal aus der positiven Vorschrift des § 417 Abs. 2 BGB.

b) Des weiteren aber auch aus der rechtlichen Natur der Schuldübernahme als abstrakten Erfüllungsvertrags überhaupt.

Angenommen, Verkäufer und Käufer schließen einen obligatorischen Vertrag nach § 433 BGB. Durch ihn ist Verkäufer verpflichtet, die Sache zu übereignen, Käufer verpflichtet, den Kaufpreis zu zahlen. Es folgt nun Leistungs-Erfüllungsvertrag, hinsichtlich der Verpflichtung des Verkäufers durch Übereignung der Sache nach § 929 BGB. und hinsichtlich der Verpflichtung des Käufers durch Übereignung des Geldes nach § 929 BGB. (wobei angenommen werden soll, daß eine Vermischung des Geldes nach § 948 BGB. nicht stattgefunden hat). Wenn nun der Kaufvertrag, das Grundgeschäft, von vornherein nichtig war, oder später wieder aufgehoben wurde, so hat dies auf die Rechtswirksamkeit der Erfüllungsverträge keinerlei Wirkung. Denn diese sind grundsätzlich abstrakte, von ihrem Rechtsgrund, dem Verpflichtungsvertrag, unabhängige Verträge (RGRK. [1921 und 1928] § 125 Anm. 1 c). Die Vermögensverschiebungen bleiben bestehen, es entsteht lediglich ein persönlicher Anspruch auf Herausgabe-Rückübereignung im Wege des § 929 BGB. nach § 812 BGB.

Geradeso ist es in unserem Fall. Karg ist dem Hahn aus dem Kaufvertrag 110 000 Mk. schuldig geworden. Diese Verpflichtung hat er im Teilbetrage von 40 000 Mk. zwar nicht durch Übereignung des Geldes, sondern durch Schuldübernahme erfüllt. Auch sie ist ein abstrakter, vom Grundgeschäft unabhängiger Vertrag. Die Rückgängigmachung des Kaufvertrages hat daher nicht die Aufhebung der Schuldübernahme zur Folge, sondern erzeugt lediglich die Verpflichtung des Hahn, den Karg von der Schuldübernahme wieder zu befreien. Gelingt ihm dies nicht, weil Gläubiger Wolf mit Rückgängigmachung nicht einverstanden ist, und muß nunmehr Karg dem Wolf die Geldsumme bezahlen, so ist Hahn dem Karg nach § 818 Abs. 2 zum Werterſatze verpflichtet.

5. Karg wendet endlich ein, er schulde dem Wolf nichts, zumal er die Gegenleistung — das Eigentum und den Besitz

des Landgutes — nicht erhalten habe; er denkt damit wohl an die Einrede des nichterfüllten Vertrags nach § 320 BGB. Von dieser Einrede kann hier selbstredend keine Rede sein, denn Karg hat ja mit den 40000 Mk. eben durch Schuldübernahme schon geleistet, und zwar vorgeleistet, eine Möglichkeit der Verweigerung seiner Leistung bis zur Bewirkung der Gegenleistung kommt daher hier gar nicht mehr in Frage. Wie aber die Rechtsgültigkeit dieser Vorleistung unabhängig ist vom Rechtsbestande des Grundgeschäfts (s. oben bei 4), so ist sie gleichfalls unabhängig von der Bewirkung der Gegenleistung.

6. Wolf wird daher mit seinen Ansprüchen gegen Karg durchdringen. Allerdings wäre die Rechtslage anders, wenn Karg die Schuld nur bedingt, also für den Fall übernommen hätte, daß er Eigentum an dem Landgut erhalten würde. Dann hätte auch Wolf die Schuldübernahme nur unter dieser Bedingung genehmigen können, mit Ausfall der Bedingung wäre sodann auch die bedingte Schuldübernahme erloschen (RGRK. [1921 und 1928] § 158 Anm. 4). Dafür, daß nur eine bedingte Schuldübernahme vereinbart worden sei, liegen aber keine Anhaltspunkte vor.

II.

1. Im Grundbuch ist eine Hypothek zu 50000 Mk. für die Bayerische Vereinsbank eingetragen. Durch Annuitätenzahlungen des Hahn hat sich diese im Betrage von 5000 Mk. nach § 1163 Abs. 1 Satz 2 und § 1177 Abs. 1 BGB. in eine Eigentümergrundschuld des Hahn umgewandelt, diese Eigentümergrundschuld hat nach § 1176 BGB. Rang nach der restigen Hypothek zu 45000 Mk.

Kurz hat auf Grund eines Vollstreckungstitels gegen Hahn zu 6000 Mk. diese Eigentümergrundschuld pfänden und sich zur Einziehung überweisen lassen. Hiezu ist nach § 830 Abs. 1 Satz 3 und § 835 ZPO. außer dem Pfändungs- und Überweisungsbeschluß die Eintragung der Pfändung (nicht auch der Überweisung zur Einziehung) in das

Grundbuch erforderlich. Dieser Eintragung stand aber § 40 GBO. im Wege. Kurz hat daher auch den Berichtigungsanspruch des Hahn gegen die Bank (§ 894 BGB.) nach §§ 857, 829, 835 ZPO. pfänden und sich zur Einziehung überweisen lassen, hat sodann den Betrag von 5000 Mk. in eine Eigentümergrundschuld des Hahn berichtigen und die Pfändung eintragen lassen. Insoweit geht die Pfändung und Überweisung der Eigentümergrundschuld in Ordnung.

2. Dieser Pfändungsbeschluß vom 2. Oktober ist dem Hahn zwar nach § 830 Abs. 2 ZPO. am 4. Oktober zugestellt worden, er wurde aber erst am 9. Oktober in das Grundbuch eingetragen, nachdem die Hypothek schon am 6. Oktober durch Zuschlag nach § 91 Abs. 1 und § 52 Abs. 1 ZVG. erloschen war. Es frägt sich, ob trotzdem die Pfändung der Eigentümergrundschuld noch rechtswirksam erfolgen konnte.

3. Diese Frage soll vorerst bei der Pfändung einer Gläubigerhypothek geprüft werden.

a) Solange die Hypothek (Buchhypothek) besteht, wird sie nach § 830 Abs. 1 Satz 3 ZPO. durch Pfändungsbeschluß und Eintragung gepfändet. Zustellung des Beschlusses an den Drittschuldner ist an sich nicht nötig, sie hat aber die Wirkung, daß nach erfolgter Eintragung die Pfändung auf die Zeit der Zustellung zurückwirkt. § 830 Abs. 2 ZPO.

b) Ist die Hypothek durch Zuschlag erloschen, so ist eine Umwandlung des Rechtes eingetreten. Während bisher ein Anspruch des Gläubigers gegen den Eigentümer auf Zahlung aus dem Grundstücke bestand (§ 1113 BGB.), besteht nunmehr ein Anspruch des Gläubigers gegen den früheren Eigentümer auf Zahlung aus dem Erlöse. Jäckel-Güthe (1929) § 92 Anm. 1 und § 107 Anm. 7; Steiner (1921 und 1929) § 92 Anm. 1; RG. 75, 316 sagt: „An Stelle des Grundstücks tritt als Surrogat der Versteigerungserlös, und an diesem dauern die Rechte und früheren Rechtsbeziehungen fort.“ Es besteht nunmehr ein Anspruch im Sinne des § 857 ZPO. Die Pfändung erfolgt daher nunmehr in der Weise, daß der Pfändungsgläubiger den

Anspruch des früheren Hypothekgläubigers gegen den früheren Grundstückseigentümer nach §§ 829 und 835 ZPO. pfänden und sich überweisen läßt. (Es besteht nicht etwa ein Anspruch des früheren Hypothekgläubigers gegen den Ersteher oder das Vollstreckungsgericht, denn die beiden letzteren stehen mit dem ersteren noch in keiner Rechtsbeziehung; Steiner [1921] § 107 Anm. 4 Abs. 2; Jäckel-Güthe [1929] § 107 Anm. 6.)

c) Wie ist nun die Rechtslage, wenn sich der Hypothekanspruch durch Zuschlag in einen Erlösanspruch verwandelt hat und der Pfändungsgläubiger in der irrigen Meinung, der Zuschlag sei noch nicht erfolgt, die Hypothek hat pfänden lassen? Hier bestehen drei verschiedene Meinungen.

α) RG. 76, 234 sagt dem Sinne nach: Ein Pfandrecht an einer Hypothek kann nicht bestehen, wenn die Hypothek zu bestehen aufgehört hat, bevor die Pfändung durch Eintragung (oder Briefübergabe bei der Briefhypothek) wirksam geworden ist. Auch wenn der Pfändungsbeschluß dem Drittschuldner nach § 830 Abs. 2 ZPO. zugestellt wurde, als die Hypothek noch bestand, wird hieran nichts geändert; denn die Wirkung der Pfändung kann nur dann auf den Zeitpunkt der Zustellung zurückbezogen werden, wenn die Pfändung wirklich erfolgt ist; das ist aber, wie gesagt, nicht der Fall. Desgleichen OLG. 17, 358. S. auch Stein-Jonas (1926) § 830 Anm. VII Abs. 2.

β) Weiter geht Steiner (1921) § 107 Anm. 4 Abs. 3 = (1929) § 107 Anm. 5 Abs. 2: Auch wenn nach dem Zuschlag die Hypothek in der Form der Hypothekpfändung gepfändet worden ist, ist eine Pfändung des Erlöses erfolgt, wenn nur dem bisherigen Eigentümer als Drittschuldner nach § 830 Abs. 2 ZPO. zugestellt worden ist.

γ) Noch weiter geht Jäckel-Güthe (1929) § 107 Anm. 7: Ist die Hypothek nach dem Zuschlag gepfändet, so ist die Pfändung ohne weiteres auf den Erlös zu beziehen, weil das Hypothekenrecht auch nach dem Zuschlag noch fortbesteht. Auch RG. 75, 317 hält im Gegensatz zu der oben erwähnten Entscheidung in RG. 76, 234 eine solche Pfändung für wirksam und spricht nur von einer ungenauen

Fassung, die der Wirksamkeit des wahren Willens nicht schaden könne.

4. Hienach ergibt sich für die Pfändung der Bucheigentümergrundschuld bzw. des Erlöses folgendes:

a) Vor dem Zuschlag wird die Eigentümergrundschuld, nach allenfallsiger vorheriger Berichtigung auf den Eigentümer, durch Pfändungsbeschluß und Eintragung nach § 830 Abs. 1 Satz 3 mit § 857 Abs. 6 ZPO. gepfändet. Erfolgte vorher Zustellung des Pfändungsbeschlusses an den Drittschuldner, der hier mit dem Schuldner identisch ist, so wird mit der erfolgten Eintragung das Datum der Eintragung auf das Datum der Zustellung zurückbezogen.

b) Nach dem Zuschlag wird der Erlösanspruch, der dem bisherigen Grundstückseigentümer an seinem eigenen Erlös in der bisherigen dinglichen Rangfolge zusteht, nach § 857 Abs. 2 mit §§ 829, 835 ZPO. durch Pfändungs- und Überweisungsbeschluß und Zustellung gepfändet.

c) Wird nach dem Zuschlag statt des Erlösanspruchs irrigerweise die Eigentümergrundschuld gepfändet, so sind die oben unter 3c aufgeführten drei Meinungen vertretbar.

5. Kurz hat Pfändungs- und Überweisungsbeschluß in der Richtung auf die Eigentümergrundschuld des Hahn erwirkt; er hat diesen Beschluß nach § 830 Abs. 2 ZPO. dem Hahn am 4. Oktober zustellen lassen; am 6. Oktober vormittags lief der Beschluß beim Grundbuchamt ein; am 6. Oktober nachmittags erlosch die Eigentümergrundschuld durch Zuschlag; am 9. Oktober wurde die Pfändung der Eigentümergrundschuld eingetragen.

Vor allem ist zu sagen, daß der Umstand, daß der Pfändungseintragungsantrag des Kurz beim Grundbuchamt vor Erlöschen der Eigentümergrundschuld eingelaufen ist, nicht verhindern kann, daß auch dem Kurz gegenüber die Eigentümergrundschuld durch Zuschlag nachträglich erloschen ist.

Im übrigen ist über die Wirksamkeit der Pfändung je nach Vertretung der oben unter 3c genannten Meinungen zu entscheiden:

α) Nach der ersten Ansicht ist eine rechtsgültige Pfändung überhaupt nicht erfolgt.

β) Nach der zweiten Ansicht ist mit der am 9. Oktober erfolgten Eintragung die Pfändung des Erlöses rückwirkend auf den 4. Oktober erfolgt.

γ) Nach der dritten Meinung wäre die Pfändung des Erlöses auch ohne Zustellung des Beschlusses am 9. Oktober erfolgt; nachdem aber Zustellung des Beschlusses erfolgte, war auch hier die Pfändung des Erlöses schon rückwirkend mit dem 4. Oktober wirksam.

III.

Es wurde nun auch der Erlösanspruch gepfändet. Und zwar hat Wolf am 6. Oktober abends, also jedenfalls nach Verkündigung des Zuschlags, die Pfändung nach § 845 ZPO. angekündigt und den entsprechenden Pfändungs- und Überweisungsbeschluß am 19. Oktober dem Hahn zustellen lassen. Dagegen hat Kurz die Pfändung des Erlösanspruchs am 8. Oktober angekündigt und den Beschluß am 27. Oktober zustellen lassen.

1. Wäre die Eigentümergrundschuldpfändung durch Kurz nicht erfolgt, so würden sich aus den beiden Erlösanspruchspfändungen folgende Rechtswirkungen ergeben: Die dreiwöchige Frist des § 845 Abs. 2 ZPO. ist in beiden Fällen gewahrt worden; die Pfändung des Wolf wirkt also auf den 6. Oktober, jene des Kurz auf den 8. Oktober zurück; § 845 ZPO. Nach § 804 Abs. 3 ZPO. hat das Pfandrecht des Wolf Vorrang vor jenem des Kurz.

2. Infolge der Eigentümergrundschuldpfändung des Kurz ergibt sich aber folgendes:

a) Nach Ansicht a) ist die Eigentümergrundschuldpfändung des Kurz ohne rechtliche Wirkung; es besteht also nur Erlöspfändung des Wolf und Erlöspfändung des Kurz, erstere im Vorrang, letztere im Nachrang; nachdem durch erstere der Erlös in seinem ganzen Umfang gepfändet wurde, ist die Pfändung des Kurz wertlos.

β) Nach Ansicht β) liegen drei Erlöspfändungen vor: die durch die Eigentümergrundschuldpfändung bewirkte Erlöspfändung des Kurz mit Wirkung vom 4. Oktober, die

Erlöspfändung des Wolf mit Wirkung vom 6. Oktober und die Erlöspfändung des Kurz vom 8. Oktober. Das erste Pfandrecht hat Vorrang, das zweite Pfandrecht hat Nachrang, ist aber wertlos, da das erste Pfandrecht das Pfandobjekt in seinem ganzen Umfang erfaßt, die dritte Pfändung ist wirkungslos, da ein mehrfaches Pfandrecht für denselben Gläubiger am gleichen Pfandobjekte begrifflich nicht möglich ist.

γ) Nach Ansicht γ) liegen gleichfalls drei Erlöspfändungen vor.

Wäre Zustellung nach § 829 Abs. 2 nicht erfolgt, so bestände nach dieser Ansicht folgendes Rangverhältnis: Pfändung des Wolf vom 4. Oktober, Pfändung des Kurz vom 8. Oktober, Pfändung des Kurz vom 9. Oktober. Die erste würde ein Pfandrecht im Vorrang, die zweite ein hier wertloses Pfandrecht im Nachrang gewähren, aus der dritten, also einer Doppelpfändung, könnte ein Pfandrecht nicht entstehen.

Nachdem aber hier Zustellung nach § 829 Abs. 2 ZPO. am 4. Oktober erfolgt ist, ist die Rechtslage die gleiche wie oben im Fall β).

IV.

1. Mit Einrechnung der nach den Versteigerungsbedingungen stehen bleibenden Hypothek der Vereinsbank zu 45000 Mk. wurden 73000 Mk. erzielt. Diese sind im Verteilungstermin in folgender Reihenfolge (§ 10 ZVG.) auszuweisen:

3000 Mk.	sind für Kosten und Zinsen bar zu bezahlen;
45000 Mk.	sind in Anrechnung auf die Hypothek zu übernehmen;
5000 Mk.	sind dem Berechtigten bar zu bezahlen; der Nachrang ergibt sich aus § 1176 BGB.;
20000 Mk.	sind an sich gleichfalls als Ersatz für die erloschene Hypothek des Wolf bar zu bezahlen (§§ 44, 49, 52, 107 ZVG.).
Sa.: 73000 Mk.	

2. Hiebei ergibt sich für die Ansprüche aus den durch den Zuschlag erloschenen Hypotheken folgendes:

a) Der frühere Hypothekgläubiger hat gegen den früheren Eigentümer eine Forderung auf Zahlung aus dem Erlös; der frühere Eigentümer hat gegen den Ersteher eine Forderung auf Zahlung des Bargebotes. Im Verteilungstermin muß der Ersteher das Bargebot an den früheren Eigentümer zu Handen des Gerichtes zahlen, der damit dessen Eigentümer wird. Das Gericht zahlt sodann die betreffende Summe an den früheren Hypothekengläubiger, soweit dieser zum Zuge gekommen ist (§ 107 und § 109 ZVG.).

b) Bestand eine Eigentümergrundschuld, so besteht an sich eine Forderung des früheren Eigentümergrundschuldners gegen sich selbst als früheren Eigentümer auf Zahlung aus dem Erlös; ferner eine Forderung des früheren Eigentümers gegen den Ersteher auf Zahlung des Bargebotes. Im Verteilungstermin zahlt der Ersteher an das Gericht, dieses zahlt die entsprechende Summe an den früheren Eigentümergrundschuldgläubiger; ist diese Eigentümergrundschuld, bzw. der dafür entstandene Erlösanspruch für einen Pfandgläubiger gepfändet und ihm überwiesen worden, so erfolgt natürlich Zahlung an diesen.

c) Ist ein früherer Hypothekengläubiger selbst Ersteher, so ergibt sich folgendes: Der frühere Hypothekengläubiger hat gegen den früheren Eigentümer eine Forderung auf Zahlung aus dem Erlös; der frühere Eigentümer hat gegen den Ersteher eine Forderung auf Zahlung des Bargebotes. Der Ersteher müßte an sich auch hier die betreffende Summe an den früheren Eigentümer zu Handen des Gerichts bezahlen, das dann den Betrag an den früheren Hypothekgläubiger zu zahlen hätte. Da nun aber hier Ersteher und früherer Hypothekengläubiger die nämliche Person sind, jener, der in seiner Eigenschaft als Ersteher die Summe zahlen würde, sie in seiner Eigenschaft als früherer Hypothekengläubiger sofort wieder zurückbezahlt erhalten würde, so unterbleibt hier zur Vereinfachung des Verfahrens eine Zahlung überhaupt. An sich müßte eigentlich das Gericht nach § 118 ZVG., nachdem hier das Bargebot nicht berichtigt wird, die Forderung des früheren Eigentümers gegen den Ersteher an den früheren Hypothekengläubiger übertragen; damit würde aber eine Vereinigung von Forderung und Schuld in derselben Person eintreten und damit das Schuldverhältnis ohne weiteres erlöschen; eine Aufrechnung käme nicht in Frage (Jäckel-Güthe, 1929, § 118 Anm. 4 Abs. 4).

3. Hieraus ergibt sich also folgendes für unseren Fall:

a) Wegen des Postens zu 20000 Mk. hat eine Zahlung nicht zu erfolgen, er gilt als bereinigt, weil Wolf früherer Hypothekengläubiger und Ersteher in einer Person ist.

b) Wird der Anspruch wegen der 5000 Mk. dem Wolf zugesprochen, so ist das gleiche der Fall; wird er dagegen dem Kurz zugesprochen, so muß Wolf als Ersteher im Verteilungstermin auch die 5000 Mk. zahlen, die dann dem Kurz zugeteilt werden.

c) Mit dem Rest seines Anspruchs, also, je nachdem mit 15000 Mk. oder mit 20000 Mk., fällt Wolf durch.

V.

Der Einwand des Kurz, Wolf habe überhaupt kein Recht gehabt, mit Pfändung vorzugehen, da er ja die Zwangsversteigerung in das Grundstück selbst betrieben habe, ist unbegründet. Dem Gläubiger stehen grundsätzlich alle Arten der Zwangsvollstreckung nebeneinander zu (§ 866 Abs. 2 § 803 Abs. 1 Satz 2 ZPO.; Stein-Jonas [1926] § 866 Anm. II und § 865 Anm. III Abs. 2). Wolf muß sich aber, soweit seine Forderung durch anderweitige Vollstreckungsmaßregeln gedeckt wird, dies selbstredend auf seinen Hypothekenanspruch anrechnen lassen.

Nr. 2.

Staatsprüfung 1921, Herbst I. Abt. 2. Aufgabe.*)

I a.

Widerspruchsklage gegen die Zwangshypothek auf § 1815.

Die Widerspruchsklage nach § 771 ZPO. ist begründet, wenn Rastlos Eigentümer der Pl. Nr. 1815 ist. Es ist daher zu untersuchen, ob dem Leicht oder dem Rastlos Eigentum an diesem Grundstück zusteht.

1. Nach § 873 BGB. ist zur Eigentumsübertragung Einigung (in Form der Auflassung nach § 925 BGB.) und Eintragung erforderlich. In der Richtung auf Pl. Nr. 1813 liegt Einigung und Auflassung vor, dieses Grundstück ist daher Eigentum des Fleißig geworden. Dagegen liegt in der Richtung auf Pl. Nr. 1815 Einigung nicht vor. Weder wollte Rastlos dieses Grundstück veräußern, noch wollte es Fleißig erwerben. Die Einigung ist von beiden Teilen nur erklärt, aber nicht gewollt worden, es liegt daher der Fall der sog. falsa demonstratio vor, für den der Grundsatz gilt: Es gilt nicht das, was die Parteien übereinstimmend irrig erklärt haben, sondern es gilt das, was die Parteien übereinstimmend richtig gewollt haben. Gewollt war Pl. Nr. 1813. In der Richtung auf Pl. Nr. 1815 liegt also nur der Schein, nicht aber die Wirklichkeit einer Einigung vor. Infolge der irrig abgefaßten Urkunde wurde nun Fleißig als Eigentümer der Pl. Nr. 1815 eingetragen. Da dieser Eintragung eine Einigung nicht zur Seite steht, ist die Folge die, daß Rastlos nach wie vor Eigentümer der Pl. Nr. 1815 geblieben ist, und daß durch die Umschreibung auf Fleißig das Grundbuch unrichtig geworden ist. Rastlos ist wahrer Eigentümer der Pl. Nr. 1815 geblieben, Fleißig nur Bucheigentümer geworden, und hat ersterer gegen letzteren den Berichtigungsanspruch des § 894 BGB.

Wegen der falsa demonstratio (RGRK. [1921 und 1928] § 925 Anm. 6 und Staudinger [1926] § 925 Anm. A III 3 b α u. δ [S. 396 u. 397]).

*) Schweitzers PrüfAufg. 1921 Heft 2 S. 9.

Jedenfalls ist also Fleißig auf Grund Auflassung und Eintragung vom Jahre 1914 nicht Eigentümer der Pl. Nr. 1815 geworden. Es ist zu untersuchen, ob die späteren Rechtshandlungen geeignet waren, ihm Eigentum daran zu verschaffen.

2. Als die Vertragsteile im Jahre 1915 den Irrtum bemerkten, wollte Rastlos dem Fleißig die Pl. Nr. 1815 schenkungsweise übereignen. Es wurde nunmehr Besitz übergeben und am 12. Januar 1915 eine formlose Urkunde ungefähr dieses Inhalts aufgenommen: „Ich, Rastlos, verzichte auf Berichtigung des Grundbuchs und Anfechtung des Irrtums. Ich, Fleißig, nehme den Verzicht an. Wir, Rastlos und Fleißig, sind einig, daß das Eigentum der Pl. Nr. 1815 von Rastlos auf Fleißig übergeht." Dieses Schriftstück wurde von beiden unterschrieben. Ist hiedurch Eigentumsänderung eingetreten?

a) Ein Verzicht auf die Anfechtung könnte nur dann in Frage kommen, wenn es sich um ein anfechtbares Rechtsgeschäft handeln würde, wenn z. B. die Auflassung wegen Irrtums eines der Vertragsteile nach § 119 BGB. anfechtbar wäre; in diesem Falle könnte das anfechtbare und noch nicht angefochtene Rechtsgeschäft nach § 144 Abs. 1 BGB. durch Verzicht des Anfechtungsberechtigten auf die Anfechtung bestätigt werden, diese Erklärung würde nach § 144 Abs. 2 BGB. der Form des § 925 BGB. nicht bedürfen. Hier steht aber kein anfechtbares, sondern, wie oben ausgeführt, ein nichtiges Rechtsgeschäft in Frage; in der Richtung auf Pl. Nr. 1815 ist überhaupt kein gültiger Vertrag, weder nach persönlicher noch nach dinglicher Richtung, geschlossen worden; ein nichtiger Vertrag kann aber nur durch erneute Vornahme nach § 141 Abs. 1 BGB. bestätigt werden, es genügt also hier nicht Verzicht, sondern es wäre neue Auflassung nach §§ 873, 925 BGB. erforderlich. Die Auflassung vom Jahre 1914 ist daher nach wie vor nichtig und daher Eigentumsänderung nicht eingetreten.

b) Auch der Verzicht auf den Berichtigungsanspruch kann eine erneute Auflassung nicht ersetzen. Zwar ist eine Übertragung des Berichtigungsanspruchs in dem Sinne rechtlich möglich, daß der Zessionar als Vertreter des Zedenten den Berechtigungsanspruch **namens** des dinglichen Berechtigten geltend macht, und ist in diesem Sinne auch die Pfändung des Berichtigungsanspruchs zulässig (Planck [1920] § 894 Anm. 3; RGRK. [1921 und 1928] § 894 Anm. 2; Staudinger [1926] § 894 Anm. IV). Dieser Anspruch ist aber kein selbständiges Recht und kann daher selbständig über ihn nicht verfügt werden; es kann daher auf ihn auch nicht verzichtet werden. Dieser Verzicht hat daher keinerlei rechtliche Wirkung.

c) Desgleichen ist die in der Urkunde erklärte Einigung rechtlich belanglos, da sie der Form des § 925 BGB. entbehrt (§ 125 BGB.).

3. Beim Zusammentreffen des Rastlos mit Buchwald war also die Rechtslage nach wie vor die, daß Rastlos nach wie bisher Eigentümer der Pl. Nr. 1815 war. Zwar war inzwischen Fleißig von Leicht beerbt und waren auf diesen die beiden Grundstücke umgeschrieben worden. Leicht kam als Erbe in den Besitz auch der Pl. Nr. 1815 und war auch offenbar gutgläubig; ein Eigentumserwerb auf Grund des öffentlichen Glaubens des Grundbuchs ist aber nicht eingetreten, da bei Leicht nicht ein rechtsgeschäftlicher Erwerb nach § 892 BGB., sondern ein Erwerb kraft Gesetzes nach § 1922 BGB. vorliegt. Nach § 2365 BGB. begründet der Erbschein lediglich eine Vermutung, daß dem Erben das Erbrecht überhaupt zusteht, keineswegs begründet er eine Vermutung und noch weniger eine Fiktion darüber, welche Gegenstände zum Nachlaß des Erblassers gehören.

Wie sich aus der Erklärung des Rastlos gegenüber dem Buchwald ergibt, ist nunmehr Rastlos der Ansicht, daß einerseits der schriftliche Vertrag vom 12. Januar 1915 wegen Formmangels nichtig sei, und daß anderseits in der Richtung auf die Pl. Nr. 1815 der notarielle Vertrag wegen Irrtums seinerseits anfechtbar sei, weshalb er ihn jetzt anfechte.

Darauf ist zu sagen:

a) Der Vertrag vom 12. Januar 1915 ist nach seiner dinglichen Seite nichtig, da er als Grundstücksübertragungsvertrag der Form des § 925 BGB. bedurft hätte (§ 125 BGB.). Insoweit mit ihm ein persönlicher Schenkungsvertrag geschlossen wurde, ist auch dieser mangels Form des § 518 BGB. nichtig.

b) Der notarielle Vertrag vom Jahre 1914 (nicht 1915!), der formell jedenfalls in Ordnung ist, ist nicht, wie Rastlos meint, wegen Irrtums anfechtbar. Eine solche Anfechtbarkeit käme in Frage, wenn seinerzeit bei den Parteien Dissens vorgelegen hätte, wenn also Rastlos die Pl. Nr. 1815 nicht hätte mitveräußern, wohl aber Fleißig dies Grundstück hätte miterwerben wollen; würde übrigens ein solches anfechtbares Rechtsgeschäft vorliegen, so wäre allerdings die Anfechtungsfrist schon längst versäumt, da der vermeintliche Irrtum ja schon 1915 erkannt wurde (§ 124 BGB.); auch könnte die Anfechtung nach § 143 Abs. 1 BGB. nur dem Vertragsgegner gegenüber erfolgen. In Wahrheit liegt aber, wie oben ausgeführt, Konsens und falsa demonstratio vor, mit der Folge, daß eine Auflassung in der Richtung auf Pl. Nr. 1815 überhaupt nicht erfolgt ist. Eine Anfechtung kommt daher hier gar nicht in Frage. Daß seinerzeit Konsens vorlag, daß Pl. Nr. 1815 weder veräußert noch erworben werden wollte, ergibt sich aus der Tatsache, daß Besitzübertragung der Pl. Nr. 1815 nicht erfolgt ist.

4. Buchwald entgegnete, es gehe ihn nichts an, ob Rastlos Eigentümer der Pl. Nr. 1815 sei oder nicht; Leicht sei als Eigentümer eingetragen, das genüge ihm. Er will damit offenbar sagen, daß er die Hypothek auf Pl. Nr. 1815 zu 10000 Mk. in gutem Glauben erworben habe; das ist nicht richtig, denn der öffentliche Glaube gilt nur bei rechtsgeschäftlichem Erwerb, nicht aber bei Erwerb im Wege der Zwangsvollstreckung.

5. Fleißig oder sein Anwesensnachfolger Leicht hätte nur auf diese Weise Eigentümer der Pl. Nr. 1815 werden können, daß in der Richtung auf dieses Grundstück neuerliche Auflassung erklärt worden wäre. Nachdem Eintragung schon erfolgt ist, wären damit die beiden Erfordernisse der Eigentumsübereignung erfüllt gewesen. Zwar hat nach § 20

GBO. die Auflassung vor der Eintragung zu erfolgen; es handelt sich aber hier nur um eine Ordnungsvorschrift, der für die materielle Rechtsänderung maßgebende § 873 BGB. schreibt eine bestimmte Reihenfolge nicht vor (s. RGRK. 1921 und 1928 § 837 Anm. 10, Staudinger [1926] § 837, Anm. C, I, a).

6. Rastlos konnte daher gegen die Eintragung der Zwangshypothek auf Pl. Nr. 1815 nach § 771 ZPO. die Widerspruchsklage erheben.

Ib.

Widerspruchsklage gegen die Pfändung der Maschinen.

1. Es ist zu untersuchen:

a) Sind die Maschinen wesentliche Bestandteile oder Zubehör?

b) Wenn letzteres, welches Gebäude bildet die Hauptsache?

c) In wessen Eigentum stehen sie?

Zu a) Die Maschinen können wesentliche Bestandteile entweder des Grundstückes oder des auf dem Grundstück Pl. Nr. 1815 stehenden Gebäudes sein; da dieses Gebäude selbst wieder einen wesentlichen Bestandteil des Grundstücks bildet (s. unten bei III), so wären also im letzteren Fall die Maschinen *mittelbare* wesentliche Bestandteile des Grundstücks. In diesen Fällen wäre eine selbständige Pfändung der Maschinen wegen § 93 BGB. nicht möglich.

Maschinen können wesentliche Bestandteile des *Grundstücks* nach §§ 93, 94 BGB. nur bei *fester* Verbindung mit dem Grund und Boden sein, also in den seltenen Fällen, in denen eine Eingrabung oder Vermauerung stattfindet, die eine Entfernung der Maschine aus oder von dem Boden ohne wesentliche Zerstörung oder Beschädigung nicht ermöglicht (RGRK. [1921 und 1928] § 93 Anm. 2). Das ist hier nicht der Fall; denn die Maschinen sind in die in den Boden eingelassenen Eisenschienen lediglich angeschraubt, eine Entfernung ist jederzeit leicht möglich.

Um wesentliche Bestandteile des *Gebäudes* zu sein, wäre nach § 94 Abs. 2 BGB. Voraussetzung, daß die Maschinen zur Herstellung des Gebäudes eingefügt worden sind. Die Verbindung braucht hier keine feste zu sein, die Sachen müssen aber, abgesehen von den Baumaterialien, eigens für das Gebäude angefertigt oder angepaßt sein. Das ist besonders der Fall bei Türen, Fenstern, Fensterläden, Drehtüren und Lift. Maschinen kommen als wesentliche Bestandteile eines Gebäudes im Sinn des § 94 Abs. 2 BGB. nur dann in Frage, wenn Maschine und Gebäude besonders aufeinander gearbeitet sind, insbesondere wenn die Maschine an die Bauart und Gliederung des Gebäudes angepaßt ist (RGRK. [1921 und 1928] § 94 Anm. 7). Das ist hier keineswegs der Fall. Das Gebäude wurde ursprünglich zwecks Aufnahme von Krafterzeugungsmaschinen errichtet, erst als diese aus feuerpolizeilichen Gründen dort nicht aufgestellt werden durften, wurden die Holzbearbeitungsmaschinen, die zudem als Fertigware nach Katalog gekauft worden waren, dort aufgestellt.

Die Maschinen haben daher ihre Eigenschaft als bewegliche Sachen behalten, Einwendungen aus § 766 ZPO. mit der Begründung, sie hätten als wesentliche Bestandteile und zumals als solche eines Grundstücks nicht gepfändet werden dürfen, können also jedenfalls nicht erhoben werden.

Sie sind jedenfalls Zubehör im Sinne der §§ 97, 98 BGB., weil sie den wirtschaftlichen Zwecken des Säge- und Mühlenbetriebes zu dienen bestimmt sind und zu den für den Mühlenbetrieb dauernd eingerichteten Gebäudeanlagen in ein dieser Bestimmung entsprechendes räumliches Verhältnis gebracht worden sind.

Zu b) Sind nun die Maschinen Zubehör von Pl. Nr. 1813 oder von Pl. Nr. 1815? Sie sind Zubehör jenes Grundstückes, welches als die Hauptsache des wirtschaftlichen Betriebes anzusehen ist. Sind, wie hier, mehrere grundbuchmäßig selbständige Grundstücke einheitlich zu einem Betrieb eingerichtet, so kommt es für die Frage, ob das eine oder das andere Grundstück gegenüber den beweglichen Einrichtungsgegenständen als die Hauptsache anzusehen ist, darauf an, welches Grundstück den Mittelpunkt der einheitlichen Bewirtschaftung bildet (RGRK. [1921 und 1928]

§ 97 Anm. 5). Das trifft ohne Zweifel bei dem ursprünglichen und Mühlengrundstück Pl. Nr. 1813 zu, da in ihm die ursprünglichen und betriebswichtigsten Teile des Betriebes vereinigt sind: Die Vorrichtung zur Ausnützung der Wasserkraft, die Dampfkrafterzeugung, die Vorrichtung zur Übertragung der Kräfte beider Kraftquellen auf die Holzbearbeitungsmaschinen, während das Grundstück Pl. Nr. 1815 mit seinen Einrichtungen jenem Betriebsmittelpunkt erst nachträglich angegliedert wurde und von ihm sowohl wirtschaftlich wie technisch abhängig war und blieb. Der Umstand, daß die Maschinen nicht auf dem Grundstück Pl. Nr. 1813 selbst sich befinden, hebt das der Bestimmung entsprechende räumliche Verhältnis zur Hauptsache nicht auf; denn die Maschinen befinden sich nicht nur in unmittelbarer Nähe der Hauptsache, da die beiden Grundstücke aneinander grenzen, sondern es sind auch durch die Öffnung und die Transmission Vorrichtungen getroffen, welche eine unmittelbare räumliche Verbindung herzustellen bestimmt sind. Bei dieser Sachlage haben die Holzbearbeitungsmaschinen als Zubehör des Gebäudes auf Pl. Nr. 1813 zu gelten.

Zu c) Während wesentliche Bestandteile nach § 93 BGB. notwendig das rechtliche Schicksal der Sache, von der sie einen Bestandteil bilden, teilen, können an Zubehör Sonderrechte bestehen; das ist hier der Fall. Die Maschinen standen zwar früher im Eigentum des Leicht; dieser hat sie aber später an Ruhland nach § 930 BGB. übereignet; nach dem Tatbestande liegen keinerlei Anhaltspunkte vor, nach denen ein Scheingeschäft nach § 117 BGB. angenommen werden könnte. Rastlos war Gläubiger des Leicht und hatte gegen diesen einen unbestrittenen Anspruch, um dessen Befriedigung es ihm ernstlich zu tun war. Sicherungsübereignung liegt hier selbstredend nicht vor, weil der Kaufpreis zu 15000 Mk. durch Verrechnung der gleich hohen Forderung des Ruhland getilgt wurde.

2. Die Maschinen sind also Zubehör von Grundstück Pl. Nr. 1813. Dieses Grundstück ist Eigentum des Leicht. Für die Zulässigkeit der Pfändung der Maschinen ist nun maßgebend, ob sie im Eigentum des Leicht oder des Rastlos stehen.

a) Stünden die Maschinen im Eigentum des Leicht, so wäre zu sagen: Nach § 1120 BGB. erstreckt sich die Hypothek regelmäßig auf das Zubehör des Grundstücks. In dem Umfang, in dem die Hypothek das Zubehör ergreift, oder, wenn das Grundstück belastet wäre, ergreifen würde, können solche Zubehörstücke nach § 865 Abs. 2 Satz 1 ZPO. nicht gepfändet werden. Leicht könnte daher gegen die Pfändung Einwendungen nach § 866 ZPO. erheben.

b) Nun stehen aber die Maschinen im Eigentum des Rastlos. Nach § 1120 BGB. erstreckt sich die Hypothek ausnahmsweise nicht auf Zubehörstücke, die nicht in das Eigentum des Eigentümers des Grundstücks gelangt sind; vor allem also nicht auf Zubehörstücke des Pächters und der unter Eigentumsvorbehalt erworbenen Zubehörstücke; sie erstreckt sich aber auch nicht auf jenes Zubehör, das zwar im Eigentum des Grundstückseigentümers gewesen war, aber von diesem nach § 930 BGB. veräußert worden ist (s. RGRK. [1921 und 1928] § 1120 Anm. 5, Staudinger [1926] § 1120, Anm. II, B, 2). Da nun Zubehörstücke nach § 865 ZPO. nur in dem Umfang unpfändbar sind, als sie einer Hypothek haften oder haften würden, hier aber eine solche Haftung nicht besteht, sind sie daher pfändbar.

Einwendungen nach § 866 ZPO. können also hier nicht vorgebracht werden. Selbstredend kann aber in solche Zubehörstücke nur auf Grund eines gegen deren Eigentümer lautenden Vollstreckungstitels gepfändet werden. Rastlos kann daher gegen die Pfändung Widerspruchsklage nach § 771 ZPO. erheben.

II.

Rechte der Hypothekgläubiger.

Der Tatbestand ist hier folgender: Pl. Nr. 1813 ist Eigentum des Leicht und mit einer Hypothek des X belastet. Die Maschinen sind Zubehör von Pl. Nr. 1813, stehen aber im Eigentum des Rastlos. (Ob die Maschinen auf Pl. Nr. 1813 oder 1815 stehen, und wer Eigentümer von Pl. Nr. 1815 ist, ist hier gleichgültig.)

Die Maschinen werden nun von einem persönlichen Gläubiger gepfändet; könnte der Hypothekgläubiger X die Pfändung mit Erfolg angreifen?

Es ist hier zu unterscheiden:

1. Waren die Maschinen überhaupt nie in das Eigentum des Grundstückseigentümers gelangt, sei es, daß sie ein Pächter eingestellt hat, oder daß sie vom Grundstückseigentümer unter Eigentumsvorbehalt erworben worden waren, so erstreckt sich die Hypothek nicht auf sie, mögen sie vor oder nach Hypothekbestellung zum Grundstück hinzugekommen sein; zu bemerken ist, daß im ersteren Falle der gute Glaube des Hypothekerwerbers hinsichtlich des Eigentums des Grundstückseigentümers einflußlos ist, da § 892 BGB. auf Rechte an Zubehörstücken, über die das Grundbuch keine Auskunft gibt, sich nicht erstreckt (RGRK. [1921 und 1928] § 1120 Anm. 5, Staudinger [1926] § 1120, Anm. II, B, 2, a, γ).

2. Stand dagegen das Zubehör zwar im Eigentum des Grundstückseigentümers, wurde es aber von diesem nach § 930 BGB. übereignet, so kommt es darauf an:

a) War das Zubehör schon vor der Hypothekbestellung in der erwähnten Weise übereignet, so erstreckt sich die Hypothek aus den eben angeführten Gründen nicht auf das Zubehör.

b) War es dagegen zur Zeit der Hypothekbestellung Eigentum des Grundstückseigentümers und wurde es erst nachher nach § 930 BGB. übereignet, so wurde es nach § 1120 BGB. von der Hypothek ergriffen und wurde durch die Veräußerung nicht frei; denn einmal verpfändete Zubehörstücke werden nach § 1121 Abs. 1 BGB. nur dann von der Haftung frei, wenn sie vor Beschlagnahme des Grundstücks veräußert und vom Grundstück entfernt werden.

Nur in letzterem Falle steht daher dem Hypothekgläubiger die Widerspruchsklage nach § 771 ZPO. zu. In diesem Falle stehen aber dem Gläubiger auch Einwendungen nach § 866 ZPO. zu, da das Zubehör von der Hypothek ergriffen wurde und ergriffen bleibt und daher eine Mobiliarpfändung nach § 865 Abs. 2 Satz 1 ZPO. überhaupt unzulässig ist.

III.

Zu Frage 3. Schon oben wurde ausgeführt: Der Maschinenschuppen ist nach §§ 93 und 94 Abs. 1 BGB. wesentlicher Bestandteil des Grundstücks Pl. Nr. 1815; einer der Ausnahmefälle des § 95 BGB. liegt nicht vor, denn er ist weder zu einem vorübergehenden Zwecke noch in Ausübung eines dinglichen Rechtes von dem Berechtigten mit dem Grund und Boden verbunden worden. Die Baustoffe aber sind wesentliche Bestandteile des Schuppens nach § 94 Abs. 2 BGB.

Wesentliche Bestandteile können nicht Gegenstand besonderer Rechte sein, § 93 BGB., Schuppen und Baustoffe folgen daher notwendig dem rechtlichen Schicksal des Grundstücks Pl. Nr. 1815.

1. Eine Mobiliarpfändung des Buchwald an Schuppen oder Baustoffen ist daher schon aus § 93 BGB. ausgeschlossen, ganz davon abgesehen, daß sie nicht im Eigentum dessen Schuldners Leicht, sondern des Rastlos stehen.

2. Auch Immobiliarvollstreckung daran ist ausgeschlossen. Die Hypothek des Buchwald an Pl. Nr. 1813 erstreckt sich nicht auf Schuppen und Baustoffe, da diese zu Pl. Nr. 1813 in keiner rechtlichen Beziehung nach § 1120 BGB. stehen. An Pl. Nr. 1815 steht aber dem Buchwald, wie oben ausgeführt, eine Hypothek rechtmäßig nicht zu.

3. Dagegen ist ein Vollstreckungszugriff auf den Wert der Baustoffe zulässig. Nach § 946 BGB., der die rechtlichen Folgerungen aus den Grundsätzen über die Bestandteilseigenschaft nach §§ 93, 94 zieht, sind zwar die Baustoffe als wesentliche Bestandteile des Schuppens und damit des Grundstücks in das Eigentum des Rastlos übergegangen. Jedoch kann Leicht, der durch Errichtung des Schuppens das Eigentum an den Baustoffen eingebüßt hat, auf Grund des § 951 BGB. von Rastlos wegen dieses Rechtsverlustes Vergütung in Geld nach den Vorschriften über die Herausgabe einer ungerechtfertigten Bereicherung verlangen. Leicht hat also gegen Rastlos eine Geldforderung, und diese kann Buchwald nach § 828 ZPO. pfänden und sich überweisen lassen.

Nr. 3.

Staatsprüfung 1922, Juni I. Abt. 3. Aufgabe.*)

I.

Zu Ziffer 1 der Urkunde: Das Grundbuchamt hat eine Eigentumsänderung einzutragen, wenn ihm vorliegen:

a) Buchungsantrag nach § 13 GBO.;

b) Auflassung nach § 20 GBO.;

c) wenn der Betroffene, also der Veräußerer, im Grundbuch eingetragen ist (§ 40 Abs. 1 GBO.). Ist er nicht richtig eingetragen, so muß daher zuvor das Grundbuch auf ihn berichtigt werden. Zur Berichtigung des Grundbuchs ist in erster Linie erforderlich entweder die Eintragungsbewilligung des zu Unrecht Eingetragenen nach § 19 GBO. oder Nachweis der Unrichtigkeit des Grundbuchs nach § 22 Abs. 1 GBO., wobei dieser Nachweis nach § 29 Satz 2 GBO. nur durch öffentliche Urkunden geführt werden kann. Handelt es sich um Grundbuchberichtigung auf Grund Erbfolge, so kann selbstverständlich nur Nachweis durch Urkunden in Frage kommen; dabei gibt § 36 GBO. im Falle der Erbfolge für die Art des Urkundenbeweises Sondervorschriften: Die gesetzliche Erbfolge kann stets nur durch einen Erbschein nachgewiesen werden; bei der letztwilligen Erbfolge kommt es darauf an: liegt öffentliches Testament oder Erbvertrag vor (§§ 2231, Nr. 1 und 2276 BGB.), so genügt zum Nachweis dessen Vorlage mit Vorlage des Eröffnungsprotokolls des Nachlaßgerichtes; besteht keine letztwillige Verfügung in öffentlicher Urkunde, so ist auch hier Erbschein zur Beweisführung erforderlich.

II.

Hienach ergibt sich für den Fall der beabsichtigten Eigentumsübertragung des Hauses Nr. 28 = Pl. Nr. 268 folgendes:

a) Buchungsantrag nach § 13 GBO. liegt vor.

---

*) Schweitzers PrüfAufg. 1922, Heft 1 S. 15.

b) Nach Grundbuchinhalt des Blattes Nr. 430 und Parteibehauptung in der notariellen Urkunde stand Pl. Nr. 268 auf Grund Vorerbfolge im Eigentum der Anna Klein und steht nunmehr auf Grund Nacherbfolge infolge Wiederverehelichung dieser im Eigentum des Karl und der Christine Klein, §§ 2100, 2139 BGB. Dabei sind die beiden Kinder Miteigentümer in Erbengemeinschaft nach §§ 2032, 2033, 2040 BGB. Will daher das Grundstück in Alleineigentum des Karl Klein übertragen werden, so ist dies nur in der Weise möglich, daß nach § 2033 Abs. 2 und § 2040 Abs. 1 BGB. Karl und Christine Klein in Erbengemeinschaft das Grundstück an Karl Klein zu Alleineigentum auflassen und daß dann das Grundstück im Grundbuch auf Karl Klein umschrieben wird (§§ 873 und 925 BGB.).

Für die Erklärung der Auflassung ist an sich eine Form nicht vorgeschrieben; es genügt, wenn sich aus der Erklärung der beiden Teile der Einigungswille über die Eigentumsübereignung überhaupt ergibt (RGRK. [1921 und 1928] § 925 Anm. 13, Staudinger [1926] § 925 Anm. B, II, 2, d, β). Daß also das Wort „Auflassung" in der Urkunde nicht gebraucht ist, ist unschädlich.

Auf jeden Fall muß aber der Veräußerer und Erwerber aus der Urkunde klar hervorgehen, und das ist hier nicht der Fall. Als Veräußerin tritt zu Unrecht auch die Mutter auf, und aus der Fassung: „Karl und Christine Klein sind mit dem Übergange des Eigentums an Karl Klein einverstanden" ergibt sich keineswegs der Wille, daß die beiden in Erbengemeinschaft an einen von ihnen zu Alleineigentum das Grundstück auflassen wollen. Diese ganz ungenügende Bezeichnung der Veräußerer wird als Vollzugshindernis der Urkunde anzusehen sein.

c) In der Urkunde ist entsprechende Berichtigung des Grundbuchs beantragt und damit jedenfalls auch die vorherige Umschreibung des Grundbuchs auf die Nacherben gewollt.

Der zur Berichtigung erforderliche Urkundenbeweis in der Form des § 36 GBO. ist geführt; wie nämlich aus der Grundbucheintragung vom 20. November 1915 ersichtlich ist, ist schon damals dem Grundbuchamte Erbvertrag und Eröffnungsprotokoll vorgelegt worden, auf diesen schon damals geführten Nachweis kann sich das Grundbuchamt auch jetzt noch stützen.

Hier handelt es sich aber nicht nur um den Nachweis der Erbfolge überhaupt und der Vorerbfolge, sondern des weiteren noch um den Nachweis, daß nunmehr der Fall der Nacherbfolge eingetreten sei. Es muß des weiteren noch der Eintritt der Bedingung der Nacherbfolge nachgewiesen werden, und dieser Nachweis kann nach § 22 Abs. 1 mit § 29 Satz 2 GBO. nur durch Vorlage einer öffentlichen Urkunde erbracht werden. Als solche kommt hier eine standesamtliche Heiratsurkunde in Betracht. Deren Nichtvorlage bildet gleichfalls ein Vollzugshindernis.

Übrigens wäre zur vorherigen Berichtigung außerdem noch nach § 22 Abs. 2 GBO. die ausdrückliche Zustimmung der Kinder in Erbengemeinschaft zu ihrer Eintragung nötig; Antrag nach § 13 GBO. ist richtig gestellt.

Dem ist noch beizufügen: Von einer Zwischenberichtigung nach § 40 GBO. kann nach § 41 GBO. ausnahmsweise abgesehen werden, wenn derjenige, dessen Recht durch die Eintragung betroffen wird, Erbe des eingetragenen Berechtigten = eingetragenen Erblassers, ist und die Übertragung oder Aufhebung des Rechtes eingetragen werden soll. Zwar paßt § 41 GBO. seinem Wortlaut nach nicht auf unseren Fall; denn Eduard Klein ist zwar nach §§ 2100, 2139 BGB. Erblasser, er ist aber nicht mehr eingetragen; und Anna Klein ist zwar eingetragen, sie ist aber nicht Erblasserin. Trotzdem wird aber auch für diesen Fall § 41 GBO. für analog anwendbar erklärt (Güthe [1929] § 41 Anm. 6; Arnheim [1913] § 41 Anm. 11; Meikel [1912] § 41 Anm. 3d).

Hätte daher auch von Zwischenberichtigung abgesehen werden können, und wäre daher der Antrag auf vorherige Berichtigung des Grundbuchs gar nicht nötig gewesen, so hätte selbstredend trotzdem dem Grundbuchamt der Nachweis der Rechtsnachfolge in der oben ausgeführten Weise erbracht werden müssen; er ist aber nicht erbracht worden, und wäre daher auch in diesem Falle die Urkunde unvollziehbar gewesen.

Die Urkunde hätte in diesem Punkte richtig etwa so lauten müssen: „Pl. Nr. 268 ist im Grundbuch auf Eigentum der Anna Klein eingetragen. Laut seinerzeit vorgelegtem Erbvertrag vom . . und Eröffnungsprotokoll vom . ., sowie hiemit vorgelegter Heiratsurkunde ist Nacherbfolge eingetreten und sind somit wir, Karl und Anna Klein, Miteigentümer des Grundstücks in Erbengemeinschaft geworden. Soweit das Grundbuchamt die Berichtigung des Grundbuchs für erforderlich erachtet, beantragen wir diese und stimmen ihr zu. Des weiteren lassen wir, Karl und Christine Klein, in Erbengemeinschaft, die Pl. Nr. 268 an Karl Klein zu Alleineigentum auf und beantragen dessen Eintragung."

III.

Wegen der übrigen Punkte der Ziff. 1 der Urkunde ist kurz folgendes zu sagen:

1. Die Übereignung des Schnittwarengeschäftes in der Urkunde ist zwar überflüssig, hat aber auf deren Gültigkeit selbstredend keine Folge.

2. Nach § 28 GBO. ist das Grundstück entweder übereinstimmend mit dem Grundbuch oder durch Hinweisung auf das Grundbuchblatt zu bezeichnen. Die Urkunde hätte also mindestens lauten sollen: „Wir beantragen die Eintragung des Eigentumsüberganges an dem im Grundbuch für Weslingen Blatt 430 vorgetragenen Grundstück." Doch erscheint der gestellte, nicht ganz korrekte Antrag genügend, da ein Zweifel, welches Grundstück als Vertragsobjekt gemeint ist, nicht in Frage kommen kann.

3. Gegen den Löschungsantrag des Nacherbenvermerks im Falle des Vollzugs der Urkunde bestehen keine Bedenken, da dieser Vortrag sodann gegenstandslos wird.

4. Die Erklärung des Übernehmers Karl Klein, daß er die Hypothek zu 40000 Mk. als Alleinschuldner übernehme, ist irreführend und rechtlich belanglos. Die Hypothek als

dingliches Recht geht auf ihn mit dem Erwerbe des Grundstücks ohne weiteres über. Wegen der Forderung ist zu unterscheiden: war, was anzunehmen ist, Eduard Klein persönlicher Schuldner, so ist Karl Klein als Nacherbe nach §§ 1967, 2100, 2139 ohne weiteres Schuldner geworden, und zwar Gesamtschuldner nach § 2058 BGB.; einer Schuldübernahme bedarf es nicht. Würde das Grundstück durch Singularsukzession erworben, so würde die „Übernahme der Hypothek als Kleinschuldner" Spaltung von dinglicher und persönlicher Schuld nicht hindern, erst auf Grund des Verfahrens des § 416 BGB. würde der dingliche Schuldner auch persönlicher Schuldner werden.

IV.

Zu Ziff. 2 der notariellen Urkunde ist zu sagen:

a) Es liegt lediglich richtiger Antrag nach § 13 GBO. vor.

b) Wie sich aus Blatt 429 ergibt, ist an dem 1/2 Miteigentumsanteil der Anna Klein, den diese mit Auflassung vom 30. Mai 1910 und Eintragung vom 31. Mai 1910 erworben hat, seitdem keine Rechtsänderung eingetreten. Nur der andere Miteigentumsanteil gehört zum Nachlaß des Eduard Klein, nur diesen hat Anna Klein durch Erbschaft erworben und ist daher nur dieser im Fall des Eintritts der Nacherbfolge auf die beiden Kinder übergegangen. Allerdings ist der Vortrag in Abteilung I Nr. 3/III des Grundbuchs etwas mangelhaft; er hätte richtig lauten sollen: „Der Miteigentumsanteil zu 1/2 des Eduard Klein ist übergegangen auf Anna Klein, dessen Witwe, durch Erbfolge laut Erbvertrags ...; diese ist nun Alleineigentümerin (DAfGBA. S. 374 Nr. 4/III).

Die Rechtslage ist daher im Falle, daß Nacherbfolge eingetreten ist, die: An der einen Hälfte des Hauses ist die Mutter nach wie vor Eigentümerin, nur die andere Hälfte ist dann den Kindern als Nacherben zugefallen.

Sollte daher, wie aus der Urkunde wohl zu entnehmen ist, die Mutter Alleineigentümerin werden, so hätte die Auflassung lauten müssen: „Karl Klein und Christine Klein in Erbengemeinschaft lassen ihren 1/2 Miteigentumsanteil an Pl. Nr. 267 ab an Frau Anna Zimmermann auf."

Satz 1 der Ziff. 2 der Urkunde enthält überhaupt keine Auflassungserklärung. Wenn die Mutter Eigentümerin des ganzen Grundstücks werden soll, dann braucht es wegen der ihr schon gehörigen Hälfte keiner Vereinbarung, daß sie diese behält, und wegen der anderen Hälfte bedarf es der Erklärung, daß sie diese erhält. Der Satz 2, in welchem „dementsprechende Berichtigung" des Grundbuchs beantragt und bewilligt wird, hat in diesem Zusammenhange überhaupt keinen Sinn.

Das Grundbuchamt kann daher diesen Teil der Urkunde schon aus dem Grunde des § 20 GBO. zurückweisen, auf die Voraussetzungen der §§ 40 und 13 GBO. hat es gar nicht einzugehen.

c) Für den Fall, daß die Auflassung in Ordnung wäre und daher die Voraussetzung des § 40 GBO. des weiteren zu prüfen wäre, wäre hier zu sagen: An sich wäre Zwischeneintragung des 1/2 Anteils des Nachlasses auf die beiden Kinder in Erbengemeinschaft nach den Ausführungen und unter den Voraussetzungen wie oben unter II c erforderlich. Auch wenn diese Zwischeneintragung nach den Ausführungen unter II am Ende oben im allgemeinen nicht für nötig erachtet würde, wäre sie trotzdem hier wohl nicht zu umgehen. Denn die Mutter ist als Eigentümerin schon eingetragen, allerdings, seit dem Eintritt der Nacherbfolge, zu Unrecht. Zum neuerlichen Erwerbe ihres Eigentums ist Auflassung und Eintragung erforderlich. Diese neuerliche Eintragung = Umschreibung kann aber hier nur stattfinden, nachdem das Grundbuch zuvor auf die beiden Kinder berichtigt worden ist; denn das Grundbuch kann nicht von Anna Klein unmittelbar auf dieselbe Anna Klein „umschrieben" werden.

V.

Wegen des übrigen Inhaltes der Ziffer 2 der Urkunde ist zu bemerken:

a) Wegen der Bezeichnung des Grundstücks wird auf III, 2 oben verwiesen. Die Bezeichnung „H. Nr. 27" genügt an sich nicht, zumal die HN. 27 nur mit Pl. Nr. 267 a, identisch ist; nachdem aber zugleich auf das Blatt verwiesen ist, der Parteiwille, das ganze Grundstück Pl. Nr. 267 a, b zum Vertragsgegenstand zu machen, keinem Zweifel unterliegt und es sich nur um eine Ordnungsvorschrift handelt, wäre die mangelhafte Bezeichnung an sich nicht zu beanstanden. S. auch DAfGBA. §§ 171 und 193.

b) Wegen der Löschung des Nacherbenvermerks kann auch auf II, 3 oben verwiesen werden.

c) Desgleichen wegen Übernahme der Hypothek auf II, 4 oben.

VI.

Bei Ziffer 3 der Urkunde kommt eine Tätigkeit des Grundbuchamtes nicht in Frage.

VII.

Der Sinn der Erklärung unter Ziffer 4 Abs. 2 der Urkunde ist offenbar der: Auf H. Nr. 27 lastet eine Sicherungshöchstbetragshypothek der Kreditbank Weslingen zur Sicherung für alle Forderungen, welche dieser gegen Anna Klein aus Gewährung laufenden Kredites entstanden sind und noch entstehen werden. Soweit Forderungen der Bank gegen Anna Klein bereits entstanden sind, soll die Hypothekhaftung unberührt bleiben. Soweit dagegen solche Forderungen noch nicht entstanden sind, soll die bisherige Höchstbetragshypothek in eine neue Höchstbetragshypothek umgewandelt werden, und zwar in eine solche zur Sicherung künftiger Forderungen der Bank gegen Karl Klein aus einem diesem zu gewährenden Kredit. Es handelt sich hienach nicht um eine Forderungsauswechslung nach § 1180 BGB., sondern offenbar um eine Hypothekumwandlung nach § 1198 BGB. Hiezu ist zu bemerken, und zwar

1. nach der materiellen Seite:

a) Ist im Grundbuch eine Gläubigerhypothek eingetragen, ist aber die Forderung erloschen, so verwandelt sich die Hypothek kraft Gesetzes nach § 1163 Abs. 1 Satz 2 mit § 1177 BGB. in eine Eigentümergrundschuld.

b) Ist im Grundbuch eine Gläubigerhypothek eingetragen, die Forderung aber nicht zur Entstehung gelangt, so besteht von vornherein eine Eigentümergrundschuld nach § 1163 Abs. 1 Satz 1 mit § 1177.

c) Ist im Grundbuch eine Gläubigerhypothek für eine künftige oder aufschiebend bedingte Forderung nach § 1113 Abs. 2 BGB. eingetragen, so besteht hier vorerst ein schwebendes Recht: Solange die Forderung noch nicht entstanden oder die Bedingung noch nicht eingetreten ist, besteht eine auflösende bedingte Eigentümergrundschuld = aufschiebend bedingte Gläubigerhypothek. Mit dem Entstehen der Forderung oder dem Eintritt der Bedingung entsteht eine unbedingte Gläubigerhypothek. Mit dem Moment, in dem feststeht, daß die Forderung nicht entstehen oder die Bedingung nicht mehr eintreten kann, entsteht eine unbedingte Eigentümergrundschuld (Planck 1920 § 1163 Anm. 3a).

d) Die Höchstbetragssicherungshypothek ist nun nichts weiter als eine Hypothek für einen Komplex von künftig entstehenden Forderungen, meistens aus einem Kreditverhältnis. Es besteht also vorerst in Höhe des ganzen eingetragenen Betrages eine auflösend bedingte Eigentümergrundschuld — aufschiebend bedingte Gläubigerhypothek. In dem Betrage, in dem künftig Forderungen entstehen, verwandelt sie sich in eine unbedingte Gläubigerhypothek, im übrigen bleibt der Schwebezustand einstweilen bestehen. Wird das Kreditverhältnis beendet, bevor der ganze Betrag mit Forderungen ausgefüllt ist, so steht damit fest, daß zu diesem Betrage künftige Forderungen nicht mehr entstehen können. Mit diesem Betrag verwandelt sich damit die bisher insoweit noch bestehende Höchstbetragshypothek in eine unbedingte Eigentümergrundschuld. Die Höchstbetragshypothek ist also damit, insoweit Forderungen entstanden sind, unbedingte Gläubigerhypothek, insoweit Forderungen nicht entstanden sind, unbedingte Eigentümergrundschuld geworden (Planck 1920 § 1190 Anm. 6γ. S. auch Staudinger [1926] § 1190 Anm. 1).

2. Nach der formellrechtlichen Seite ist zu bemerken: Zur rechtsgeschäftlichen Rechtsänderung ist nach § 873 BGB. Einigung und Eintragung erforderlich. Eine Eintragung kann nach § 40 GBO. nur erfolgen, wenn der Verfügende im Grundbuch als Berechtigter eingetragen ist. Ist er dies nicht, so muß er zuerst das Grundbuch auf sich berichtigen lassen, sei es auf Grund Einwilligung nach § 19 oder auf Grund Nachweises nach § 22 GBO. In den vorigen Fällen ist der Gläubiger als Berechtigter eingetragen. Behauptet der Eigentümer, er sei Berechtigter, und will er über sein Recht verfügen, so muß also vorerst das Grundbuch auf ihn berichtigt werden; in den Fällen a) und b) ist hiezu Umschreibungsbewilligung oder Vorlegung einer Quittung erforderlich; in den Fällen c) und d) eine Erklärung des eingetragenen Gläubigers, daß Forderungen nicht mehr entstehen können oder daß die Bedingung ausgefallen sei; im Fall d) des weiteren noch die Erklärung, ob und in welcher Höhe Forderungen auf den eingetragenen Betrag nicht entstanden sind.

3. Frau Anna Zimmermann muß daher dem Grundbuchamte eine Erklärung der Kreditbank Weslingen beibringen, daß das bisherige Kreditverhältnis erloschen oder auf dieses des weiteren verzichtet ist, ferner eine Erklärung, bis zu welcher Höhe Forderungen nicht erwachsen sind. Nunmehr erst kann die Zimmermann bezüglich dieses Betrags Berichtigung der Höchstbetragshypothek in Eigentümergrundschuld beantragen und dann erst über diese des weiteren nach Belieben verfügen. Sie kann für den gleichen oder einen anderen Gläubiger die nunmehrige Eigentümergrundschuld auch in eine neue Sicherungshöchstbetragshypothek umwandeln, und zwar nicht nur wegen künftiger Forderungen gegen sich selbst, sondern auch wegen Forderungen gegen einen Dritten, so daß sie nur in die dingliche Haftung eintritt.

Da aber die Voraussetzungen für die vorherige Grundbuchberichtigung in keiner Weise erfüllt sind, so wäre ein Antrag der Zimmermann auf Umwandlung der Höchstbetragshypothek zurückzuweisen.

VIII.

In Ziff. 4 Abs. 3 der Urkunde ist die Ansicht vertreten, daß damit, daß Frau Zimmermann den anderen Hälfteanteil des Grundstücks erwerbe, die vorgenannte Sicherungshypothek sich ohne weiteres auch auf den neu erworbenen Anteil erstrecke, und wird entsprechende Berichtigung beantragt. Das ist natürlich falsch. Auch wenn die oben genannten Vollzugshindernisse nicht beständen und der Hälfteanteil, der nunmehr den beiden Kindern in Erbengemeinschaft zusteht, auf die Erwerberin Anna Zimmermann umschrieben werden könnte, würde doch eine Erstreckung der Hypothek kraft Gesetzes nicht stattfinden. Vielmehr müßte Frau Zimmermann diesen Hälfteanteil nach § 873 BGB. gesondert mit der Hypothek belasten.

1. Nach § 1114 BGB. kann nun aber ein Bruchteil eines Grundstückes nur dann mit einer Hypothek belastet werden, wenn er im Anteil eines Miteigentümers besteht. Wenn daher ein Grundstück im Miteigentum von A und B steht, kann sowohl A wie B seinen Miteigentumsanteil mit Hypothek nach § 747 Satz 1 BGB. belasten. Wenn dagegen das Grundstück im Alleineigentum des A oder B steht, kann nur das ganze Grundstück, nicht aber ein Bruchteil mit einer Hypothek belastet werden. S. auch §§ 1106, 1095 BGB., § 864 Abs. 2 ZPO.

2. Eine Ausnahme von § 1114 BGB. wird in folgendem Fall für zulässig erklärt: A und B waren Miteigentümer eines Grundstücks; A hat seinen Anteil mit einer selbständigen Hypothek belastet und sodann den Anteil des B erworben, so daß er jetzt Alleineigentümer geworden ist; A will nunmehr auch den neuerworbenen Anteil mit der genannten Hypothek belasten, diese auf ihn erstrecken. Hier wird die Belastung für zulässig erklärt, wenn Hypotheken, die zu der zu erstreckenden im Nach- oder Gleichrang stehen, nicht vorhanden sind.

3. Sind aber solche vorhanden, so ergeben sich Schwierigkeiten; in unserem Fall war z. B. die Belastung vor der Erstreckung folgende:

Anteil des A:	Anteil des B:
20000 Mk. mit Anteil B	20000 Mk. mit Anteil A
30000 Mk. allein	6000 Mk. mit Anteil B
6000 Mk. mit Anteil B	

Nach der Erstreckung wäre das Rangverhältnis folgendes:

Anteil des A:	Anteil des B:
20000 Mk. mit Anteil B	20000 Mk. mit Anteil A
30000 Mk. mit Anteil B	6000 Mk. mit Anteil A
6000 Mk. mit Anteil B	30000 Mk. mit Anteil A

Denn die Hypothek am Anteil des B behält dort als dingliches Recht selbstredend ihren II. Rang.

a) Das Reichsgericht ist der Ansicht, daß hier zur Vermeidung von Rangverwirrung die Erstreckung nur zulässig ist, wenn beim Anteil B die Zwischenhypothek zu 6000 Mk. hinter die 30000 Mk. zurücktritt, so daß nunmehr das ganze Grundstück gleichmäßig belastet ist (RGZ. 68, 79).

b) Dagegen hält das Kammergericht die Erstreckung ohne weiteres für zulässig (RJA. 9, 269, 1908). S. im übrigen Planck 1920 § 1114 RGRK. 1928 § 1114 Anm. 5., Staudinger [1926] § 1114, Anm. 2, c, δ.

4. Die Ansicht des Reichsgerichts erscheint im Interesse der Klarheit des Grundbuchs als die bessere. Der Antrag auf Erstreckung wird daher wohl nur vollzogen werden können, wenn Anton Koch mit seiner Hypothek zu 6000 Mk. Rangrücktritt nach § 880 BGB. erklärt.

IX.

Zu Ziff. 5 der Urkunde.

1. An einem und demselben Grundstück können für eine und dieselbe Forderung nicht mehrere Hypotheken bestellt werden; am gleichen Grundstück können aber für Teile einer Forderung diese Teile sichernde Hypotheken bestellt werden.

Desgleichen können an einem Grundstück für denselben Forderungskreis nicht mehrere Sicherungshöchstbetragshypotheken errichtet werden; ist aber für diesen Forderungskreis schon eine Höchstbetragshypothek eingetragen, so ist noch die Eintragung einer weiteren solchen Hypothek zulässig, wenn aus der Fassung der Hypothek mit hinreichender Sicherheit zu entnehmen ist, daß die zweiteingetragene Höchstbetragshypothek nur zur Sicherung desjenigen Betrags dienen soll, der den bereits eingetragenen Höchstbetrag aus demselben Forderungskreis übersteigt (RGZ. 118, 126 [1928]). S. auch BayNotMitt. 1928 S. 31; Beschl. des BayOLG. v. 14. April 1928 in BayNotMitt. 1928 S. 67 (Rspr.) = BayZ. 1928 S. 249 = Richterzeitung 1928 S. 213 (Rspr.) = BayOLG. Bd. 28 S. 328.

2. An verschiedenen Grundstücken können für die gleiche Forderung nicht mehrere Hypotheken bestellt werden, sondern nur eine Gesamthypothek (Planck [1920] § 1132 Anm. 1 b). Ist aber auf einem Grundstück für einen Forderungskreis schon eine Höchstbetragshypothek eingetragen, so kann auf einem andern Grundstück für den gleichen Forderungskreis wohl noch eine Sonderhypothek eingetragen werden, mit Einschränkung auf „die nicht anderweitig hypothekarisch gesicherten Forderungen". Es entsteht dadurch zwar eine Unsicherheit bezüglich der zu sichernden Forderungen, diese kann aber bei Gelegenheit der ohnedies seinerzeit notwendigen Feststellung der erwachsenen Forderungen leicht behoben worden, Rechte Dritter werden nicht geschädigt, die Unbestimmtheit der Forderung ist noch innerhalb des Rahmens der nach § 1190 BGB. bei der Höchstbetragshypothek erlaubenden Unbestimmtheit der Forderung liegend anzusehen.

3. Wenn nach Antrag in Ziff. 4 Abs. 2 der Urkunde auf Anwesen H. Nr. 27 eine Höchstbetragshypothek der Weslinger Bank gegen Karl Klein zu 3000 Mk. eingetragen werden kann, so kann demnach auf Anwesen H. Nr. 28 wegen des gleichen Forderungskreises eine weitere Höchstbetragshypothek wohl eingetragen werden, wenn die erwähnte Einschränkung mit zur Eintragung gelangt.

X.

Da die Eheleute Zimmermann im gesetzlichen Güterstande leben, bedarf die Frau zur Verfügung über das eingebrachte Gut nach § 1395 BGB. der Einwilligung des Mannes.

Nr. 4.

Staatsprüfung 1922, November I. Abt. 1. Aufgabe Nr. I. *)

I.

Es soll vor allem geprüft werden, ob der Kaufvertrag, das Verpflichtungsgeschäft, rechtsgültig ist oder nicht.

Der Kaufvertrag wurde von den Gebrüdern Rosenfeld wegen arglistiger Täuschung angefochten. Nach einigen Tagen wurden diese und Schlosser dahin einig, daß die Anfechtung wieder rückgängig gemacht werden solle. Sodann hat Schlosser die Rückgängigmachung der Anfechtung seinerseits wegen Irrtums angefochten.

1. Durch die wegen arglistiger Täuschung erfolgte Anfechtung ist der Kaufvertrag (§ 433 BGB.) als von Anfang an nichtig anzusehen. §§ 123, 143, 142 Abs. 1 BGB.

2. Anfechtbare, aber noch nicht angefochtene Rechtsgeschäfte können vom Anfechtungsberechtigten bestätigt und damit zu fehlerfreien gemacht werden; die Bestätigung bedarf nicht der für das Rechtsgeschäft bestimmten Form. § 144 BGB.

Im Gegensatz hiezu stehen nichtige, also auch anfechtbare und schon angefochtene, Rechtsgeschäfte. Nichtige Rechtsgeschäfte sind grundsätzlich unheilbar, ihre Bestätigung ist als erneute Vornahme zu beurteilen, d. h. sie können nur dadurch Rechtswirksamkeit erlangen, daß sie erneut vorgenommen werden. Ein anfechtbares und angefochtenes Rechtsgeschäft kann daher nur durch neuen, selbständigen Vertragsschluß ins Leben zurückgerufen werden. Dabei muß selbstredend stets die für das Rechtsgeschäft bestimmte Form beachtet werden. Ein Grundstückskaufvertrag bedarf nach § 313 BGB. gerichtlicher oder notarieller Beurkundung, in Bayern auf Grund Art. 141 EGzBGB. und Art. 167 AGzBGB. notarieller Beurkundung. Durch die Vereinbarung, daß die erfolgte Anfechtung wieder rückgängig gemacht werden solle, ist daher der nichtig gewordene Kaufvertrag keineswegs wieder gültig geworden, vielmehr wäre

*) Schweitzers PrüfAufg. 1922 und 1923, S. 5.

hiezu erneute notarielle Beurkundung des Kaufvertrages erforderlich gewesen. § 141 BGB.

3. Und eben weil der Kaufvertrag nichtig ist und bleibt, ist die seitens des Schlosser erfolgte Anfechtung der Rückgängigmachung der Anfechtung wegen Irrtums nach § 119 BGB. rechtlich belanglos; denn ein schon nichtiges Rechtsgeschäft braucht nicht mehr eigens angefochten zu werden.

4. Der Formmangel des Bestätigungsvertrags wird keineswegs hier nach § 313 Satz 2 BGB. geheilt, denn nur der dem Kaufvertrag nachfolgenden, nicht einer schon bestehenden Auflassung und Eintragung kommt heilende Kraft zu. Staudinger (1912) § 313 Anm. V, und Staudinger (1930) § 313 Anm. D, I, 3.

II.

Bevor zur Frage Stellung genommen wird, welche Folgen die Anfechtung des Kaufvertrags auf die Schuldübernahme hat, soll allgemein geprüft werden, in welchem Verhältnis ein Kaufvertrag zu den durch diesen veranlaßten Erfüllungsverträgen steht.

Ein Kaufgeschäft als ganzes setzt sich aus drei Verträgen zusammen:

1. Dem Kaufvertrag des § 433 BGB., dem gegenseitigen Verpflichtungs-Grundgeschäft, in welchem sich der Verkäufer zur Übereignung der Sache und der Käufer zur Zahlung des Geldes verpflichtet.

2. Dem Erfüllungs-Leistungsvertrag des Verkäufers, in welchem der Verkäufer dem Käufer die Sache übereignet.

3. Dem Erfüllungs-Leistungsvertrag des Käufers, in welchem der Käufer dem Verkäufer das Geld übereignet.

Sind alle drei Verträge schon abgeschlossen und wird nunmehr der Kaufvertrag nach § 119 oder § 123 BGB. angefochten und damit nichtig, wobei er nach § 142 Abs. 2 BGB. als von Anfang an nichtig anzusehen ist, so werden damit keineswegs auch die Erfüllungsverträge nichtig. Das BGB. hat die Erfüllungsverträge als abstrakte, selbständige Verträge gestaltet, welche von der Rechtsgültigkeit des Grundvertrages unabhängig sind. S. RGRK. (1921 und

1928) § 125 Anm. 1c. Die Erfüllungsverträge sind also trotz ursprünglicher oder nachträglich eintretender Nichtigkeit des Verpflichtungsvertrags gültig. Ein Ausgleich ist nur dadurch geschaffen, daß der Leistungsempfänger nach § 812 BGB. zur Herausgabe des Empfangenen verpflichtet ist.

III.

Der Käufer kann sich nun im Kaufvertrage nicht nur zur Zahlung einer bestimmten Geldsumme verpflichten und diese im Erfüllungsvertrage nach § 362 BGB. leisten, sondern er kann sich auch zu einer anderen Leistung verpflichten und diese leisten. Hier haben sich die Käufer, Gebrüder Rosenfeld, im Kaufvertrag verpflichtet, an Stelle des Kaufpreises und in Anrechnung auf diesen eine Schuld des Verkäufers Schlosser zu übernehmen, und zwar eine Forderung des Müller gegen Schlosser in Höhe von 800000 Mk. Diese im Kaufvertrag übernommene Verpflichtung haben sie auch durch Leistungsgeschäft erfüllt, denn Gläubiger Müller hat die Schuldübernahme, wie aus dem Tatbestand hervorgeht, ausdrücklich genehmigt. Es liegt also hier ein Erfüllungsgeschäft vor, das ebenso abstrakt, d. h. von der Gültigkeit des Kaufvertrags und damit der Verpflichtung unabhängig ist, wie es die Zahlung des Kaufpreises gewesen wäre.

Diese abstrakte Natur der Schuldübernahme als Erfüllungs-Leistungsgeschäftes ergibt sich übrigens auch aus § 417 Abs. 2 BGB.; dort ist ausdrücklich bestimmt: Aus dem der Schuldübernahme zugrunde liegenden Rechtsverhältnisse zwischen dem Übernehmer und dem bisherigen Schuldner (hier also aus dem Kaufvertrag-Grundgeschäft zwischen Schlosser und Gebrüder Rosenfeld) kann der Übernehmer (hier Gebrüder Rosenfeld) dem Gläubiger (hier Müller) gegenüber Einwendungen nicht herleiten. S. auch Planck (1914) § 417 Anm. 3a; Enneccerus (1912) § 309 I 1 Anm. 1.

Die Schuldübernahme ist also trotz nachträglicher Ungültigkeit des Kaufvertrags wirksam geblieben, wie dies auch dann der Fall wäre, wenn der Kaufvertrag von Anfang an ungültig gewesen wäre. Die Gebrüder Rosenfeld haben gegen Schlosser lediglich Ansprüche aus §§ 812ff. BGB. Sie können von Schlosser Schuldbefreiung verlangen; gelingt dies nicht, und müssen sie dem Gläubiger Müller zahlen, wobei die Schuldner nach § 427 BGB. als Gesamtschuldner haften, so können sie von Schlosser nach § 818 Abs. 3 BGB. lediglich Schadensersatz verlangen.

IV.

Der Standpunkt der Gebrüder Rosenfeld, daß sie nicht mehr haften, weil die Rückgängigmachung der Anfechtung von Ferdinand Müller angefochten worden, der Kaufvertrag daher endgültig aufgehoben sei, leidet daher an einem doppelten Irrtum. Einmal ist der Kaufvertrag nicht aus dem eben erwähnten Grunde aufgehoben, sondern aus den oben unter I genannten Gründen. Des weiteren aber vermag die Nichtigkeit des Kaufvertrages eine Enthaftung der Gebrüder Rosenfeld aus den oben unter III angeführten Gründen nicht herbeizuführen.

Aber auch die Begründung des Müller für Bestehen seiner Forderung gegen Gebrüder Rosenfeld ist irrig. Eine Anfechtung des Kaufvertrags ihm gegenüber kann gar nicht in Frage kommen, weil er ja nicht Anfechtungsgegner nach § 143 Abs. 1 und 2 BGB. ist. Nicht wegen des von ihm angeführten Grundes ist er Gläubiger der Gebrüder Rosenfeld, sondern aus den oben unter III angeführten Gründen.

V.

Eine Forderung auf Mäklerlohn entsteht nur dann, wenn der Vertrag infolge des Nachweises oder infolge der Vermittlung des Mäklers zustande kommt. § 652 BGB. Wird daher der anfechtbare Vertrag erfolgreich angefochten und damit nichtig, so wird damit der Lohnanspruch des Mäklers beseitigt. Ist in diesem Fall der Mäklerlohn bereits ausgezahlt, so ist ein Herausgabeanspruch nach §§ 812, 818 BGB. begründet.

1. Gebrüder Rosenfeld haben daher gegen Männlein an sich einen Herausgabeanspruch auf 4000 Mk. Da Männlein

aber diesen Betrag teils verzecht, teils verloren hat, und daher nicht mehr bereichert ist, kann er die Zurückzahlung nach § 818 Abs. 3 BGB. verweigern, vorausgesetzt, daß die Zeche mit dem aus dem Mäklerlohn erhaltenen Geld gezahlt wurde.

2. Wegen des Mäkleranspruchs des Männlein gegen Schlosser bestehen zwei verschiedene Ansichten, nachdem Schlosser selbst die arglistige Täuschung verübt hat.

a) Nach der einen Ansicht kann jene Partei, deren Verhalten die Anfechtbarkeit des Vertrags herbeigeführt hat, dem Mäkler die Rechtsungültigkeit nicht entgegenhalten. Darauf, daß er selbst betrogen habe, kann sich im Rechtsverkehr niemand berufen, ohne dadurch gegen die guten Sitten zu verstoßen. S. OLG. 18, 16. Der Mäklerlohn ist also entstanden.

b) Nach Ansicht des Reichsgerichts kann sich dagegen der auf Zahlung des Mäklerlohns Belangte auch darauf berufen, daß der vermittelte Vertrag durch seine eigene arglistige Täuschung zustande gekommen und deshalb mit Erfolg angefochten ist. Die replica doli generalis steht hier dem Mäkler nicht zu. Die das Zustandekommen des Vertrags bezweckende und erreichende Täuschung zielte nicht auf Vereitelung des Mäklerlohns. Ohne die Arglist des auf Mäklerlohn belangten Vertragsschließenden wäre der durch sie bewirkte Vertrag überhaupt nicht vorhanden und daher ein Mäkleranspruch noch gar nicht erwachsen. Die Arglist hat weder die Entstehung des Mäklerlohns verhindert noch einen schon entstandenen Lohnanspruch beseitigt. S. RG. 76, 354 und RGRK. (1921) § 652 Anm. 2b und Staub, HGB. Vorbem. zu § 93 Anm. 21. Ein Mäklerlohn ist daher hier nicht entstanden, vielmehr ist er durch die erfolgreiche Vertragsanfechtung wieder erloschen.

Nach Ansicht a) hat daher Schlosser gegen Männlein keinen Herausgabeanspruch nach §§ 812 ff., wohl aber nach Ansicht b). Aber auch hier ist die Herausgabepflicht des Männlein nach § 818 Abs. 3 BGB. ausgeschlossen, da er ja, wie oben ausgeführt, nicht mehr bereichert ist.

Nr. 5.

Staatsprüfung 1922, November I. Abt. 3. Aufgabe.*)

I.

Der notarielle Vertrag vom 16. Juli 1914.

1. Die Beteiligten haben sich gegenseitig verpflichtet

a) Rasch: α) Pl. Nr. 612 und 613 zu übereignen;

β) Bausandentnahme aus Pl. Nr. 610 gegen eine Anerkennungsgebühr von 5 Pfg. für das Kubikmeter auf die Dauer von 12 Jahren zu gestatten;

γ) das nötige Bauholz unentgeltlich zuzufahren.

b) Hurtig: 10000 Mk. zu zahlen.

Es handelt sich in erster Linie um einen Kaufvertrag nach §§ 433 ff. BGB. Wegen der Nebenabreden unter a, β γ handelt es sich aber um einen sog. gemischten Kaufvertrag. S. RGRK. 1921 und 1928 § 433 Anm. 10.

2. Nach § 313 Satz 1 BGB. bedarf ein Vertrag, durch welchen sich der eine Teil verpflichtet, das Eigentum an einem Grundstück zu übertragen, der gerichtlichen oder notariellen Beurkundung. Das Verfahren bei der Beurkundung ist in §§ 167 ff. FGG. geregelt. In Bayern sind auf Grund Art. 141 EG.BGB. und Art. 167 AG.BGB. nur die Notare zur Beurkundung zuständig. Ein ohne Einhaltung dieser Form geschlossener Vertrag ist nach § 125 BGB. nichtig.

Aus dem Wortlaut des § 313 Satz 1 könnte geschlossen werden, daß, wenn die Eingehung dieser Verpflichtung einen Bestandteil eines gegenseitigen Vertrags bildet, nur dieser Teil der Form der Beurkundung bedarf, im übrigen aber der Vertrag formlos abgeschlossen werden kann. Das ist aber nicht richtig. Bilden die gesamten Abreden ein einheitliches Ganzes, was besonders bei Kaufverträgen der Fall ist, so bedürfen sämtliche Vertragsbestimmungen der Form des § 313 BGB. mit der Folge, daß, wenn auch nur ein Teil

---

*) Schweitzers PrüfAufg. 1922 und 1923, S. 12.

des Vertrages nicht richtig oder vollständig beurkundet ist, der ganze Vertrag nichtig ist. § 139 BGB. und RGRK. (1921 und 1928) § 313 Anm. 2 Anfang. In unserm Fall bilden ohne Zweifel alle Vertragsbestimmungen ein einheitliches Ganzes. Es müssen also bei Strafe der Nichtigkeit des ganzen Vertrags hier alle Vertragsbestimmungen vollständig und richtig beurkundet sein.

Am 16. Juli 1916 wurde nur der Vertragswille a, *α* richtig beurkundet. Der Vertragswille a, *β γ* wurde gar nicht und der Vertragswille b nur unvollständig beurkundet. Es ist daher der ganze Vertrag nichtig.

3. Nach § 313 Satz 2 BGB. wird aber ein nichtiger Vertrag seinem ganzen Inhalt nach gültig, wenn Auflassung und Eintragung in das Grundbuch erfolgen. Die Auflassung erfolgte gleichzeitig mit dem Kaufvertrag am 16. Juli 1916, die Eintragung erfolgte am 20. Juli 1916. Mit dem 20. Juli 1916 ist daher der ganze Kaufvertrag rechtsgültig geworden.

4. Wenn daher Rasch im Frühjahr 1922 behauptet, das ganze Kaufgeschäft vom 16. Juli 1916 sei wegen Formmangels nichtig, so ist dies falsch. Wäre übrigens der Vertrag nichtig, so könnte er weder ganz noch teilweise durch nachträgliche Anerkennung des Rasch geheilt werden, seine Erklärung, er erkenne nur den notariell verbrieften Inhalt des Vertrags an, also besonders den Verkauf von Pl. Nr. 612 und 613, wäre bedeutungslos. Denn nach § 141 Abs. 1 BGB. sind nichtige Verträge grundsätzlich unheilbar, und können, im Gegensatz zu § 144 BGB., nicht durch spätere Anerkennung oder Bestätigung geheilt werden; vielmehr wäre erneute formgerechte Vornahme des Rechtsgeschäftes erforderlich. Nachdem der Kaufvertrag gültig geworden ist, besteht daher auch kein persönlicher Herausgabeanspruch nach § 812 BGB., seine Erklärung, er wolle die beiden Grundstücke nicht zurückhaben, ist daher gleichfalls bedeutungslos.

5. Beizufügen ist, daß auch Verträge möglich sind, in denen sich nur der eine Teil, sei es zur Veräußerung, sei es zum Erwerbe eines Grundstückes verpflichtet, ohne Gegenversprechen des andern Teils (s. RGRK. 1921 und 1928

§ 313 Anm. 1). Hier bedarf nur die erste Verpflichtung der Form des § 313 BGB., nicht aber die zweite Verpflichtung. Ein solcher Vertrag steht hier nicht in Frage.

II.

Sandentnahmerecht.

Es handelt sich hier um ein Nutzungsrecht an einem Grundstück. Die mündliche Vereinbarung vor und am 16. Juli 1916 stellt offenbar das Grundverpflichtungsgeschäft, die privatschriftliche Vereinbarung vom 16. Juli 1916 neben Wiederholung des Grundgeschäftes das Erfüllungs-Leistungsgeschäft = die Einigung dar. Fraglich ist, ob die Bestellung eines persönlichen oder eines dinglichen Nutzungsrechtes gewollt ist.

1. Offenbar ist die Einräumung eines persönlichen Nutzungsrechtes gewollt gewesen, also ein Nutzungsrecht auf Grund Pachtvertrags nach §§ 581 mit 535 BGB., der einen Bestandteil des gemischten Kaufvertrags bildet. Dieser Verpflichtungvertrag ist, wie oben unter I ausgeführt, mit Auflassung und Eintragung nachträglich rechtswirksam geworden; eine Vertragsverpflichtung kann einseitig nicht widerrufen werden, die Erklärung des Rasch, er widerrufe die Vereinbarungen wegen der Bausandabgabe, ist daher rechtlich bedeutungslos. Weil aber das Verpflichtungsgeschäft rechtswirksam ist und bleibt, kann auch das Erfüllungsgeschäft nach §§ 812, 818 BGB. nicht widerrufen werden.

Der Vertrag erstreckt sich auf 12 Jahre, die schriftliche Form der §§ 566, 581 Abs. 2 BGB. ist gewahrt.

2. Wird angenommen, die Beteiligten hätten die Bestellung eines dinglichen Nutzungsrechtes im Auge gehabt, also die Bestellung einer beschränkten persönlichen Dienstbarkeit nach § 1090 BGB. oder einer Grunddienstbarkeit nach § 1018 BGB., so ist zu sagen: In Betracht kämen:

a) Verpflichtung zur Bestellung der Dienstbarkeit, Verpflichtungsgeschäft,

b) Bestellung der Dienstbarkeit, Erfüllungsgeschäft.

Das Verpflichtungsgeschäft, ein Bestandteil des Kaufvertrages, wäre gleichfalls durch Auflassung und Eintragung der Grundstücke rechtsgültig geworden, s. oben. Ein Widerruf dieses Geschäftes wäre also auch hier nicht möglich.

Das Erfüllungsgeschäft hätte nach § 873 BGB. der Einigung und Eintragung bedurft. Einigung läge mit Abschluß des privatschriftlichen Vertrags vom 16. Juli 1916 offenbar vor, es fehlt aber die Eintragung. Ein dingliches Recht wäre daher noch nicht entstanden, ein Widerruf des dinglichen Rechtes an sich käme daher überhaupt nicht in Frage.

Es würde sich aber fragen, ob Rasch wenigstens die Einigung widerrufen könnte. Die Einigung ist an sich widerruflich; unwiderruflich ist sie nur, wenn einer der Fälle des § 873 Abs. 2 BGB. vorliegt; in Betracht käme hier, nachdem Hurtig den privatschriftlichen Vertrag vom 16. Juli 1914 beim Grundbuchamt Eisthal am 31. Juli 1914 eingereicht hat, Fall 3. Diese Einreichung der Einigung beim Grundbuchamt hat aber nur dann deren Unwiderruflichkeit zur Folge, wenn die Einreichung mit Willen beider Parteien erfolgt ist. S. RGRK. (1921 und 1928) § 873 Anm. 16. Staudinger (1926) § 873 Anm. B, III, 1, c. Sie ist aber nur einseitig von Hurtig eingereicht worden, sie könnte daher von Rasch noch widerrufen werden.

Dieser Widerruf würde dem Rasch allerdings nicht viel nützen, da der auf Grund des Verpflichtungsvertrags zur Erfüllung verpflichtet wäre und daher trotzdem auf Bestellung der Dienstbarkeit verklagt werden könnte. S. RGRK. (1921 und 1928) § 873 Anm. 7c und e.

III.

Holzzufuhrverpflichtung.

Es handelt sich hier um eine persönliche Verpflichtung, die, wie oben erwähnt, gleichfalls durch Auflassung und Eintragung gültig geworden ist. Ein Widerruf hat daher keine Rechtsbedeutung. Die Verpflichtung hätte auch in Form einer Reallast nach § 1105 BGB. bestellt werden können, es bestehen aber keinerlei Anhaltspunkte, diesen Vertragswillen anzunehmen.

IV.

Verpflichtung zur Übereignung der Pl. Nr. 611.

Die Eingehung der Verpflichtung des Rasch, dem Hurtig die Pl. Nr. 611, je nach Bedarf, ganz oder teilweise um den Preis von 4 Mk. für das Quadratmeter zu verkaufen, und deren Annahme stellt sich als Vorvertrag zu einem Kaufvertrag dar. Wie der Kaufvertrag selbst, so bedarf selbstredend auch der Vorvertrag hiezu der Form des § 133 BGB., er ist daher, weil nur in schriftlicher Form abgeschlossen, nichtig. S. RGRK. (1921) § 313 Anm. 1c § 125 BGB.

Als Nebenvertrag zum Hauptkaufvertrag kann er nicht angesehen werden, da in ihm Leistung und Gegenleistung unabhängig von diesem selbständig geregelt sind. Aber auch wenn er als Nebenvertrag angesehen werden könnte, wäre er doch mit Auflassung und Eintragung des Hauptvertrags nicht gültig geworden, da solche Nebenabreden spätestens zur Zeit der Auflassung des Hauptvertrags abgeschlossen sein müssen. S. RGRK. (1928) § 313 Anm. 6 Abs. 2.

Selbst wenn dieser Vertrag mit Willen beider Parteien beim Grundbuchamt eingereicht worden wäre, wäre eine Bindung nach § 873 Abs. 2 BGB. nicht eingetreten, da dort nur Einigungen = Erfüllungsverträge = Verfügungen gemeint sind, außerdem dort die Rechtsgültigkeit des Vertrags vorausgesetzt ist. S. RGRK. (1921) § 873 Anm. 13 am Ende.

Rasch konnte daher die Abgabe eines 6 Meter breiten Streifens der Pl. Nr. 611 mit Recht verweigern.

V.

Eigentum am Lagerplatz der Pl. Nr. 613.

Zur Grundstückseigentumsübertragung ist Einigung und Eintragung erforderlich.

Bei der Einigung ist Willensrichtung und Willenserklärung zu unterscheiden. Wollen die Parteien übereinstimmend das gleiche, besteht also Konsens, erklären sie aber, etwa wegen eines bei beiden in gleicher Weise vorliegenden Irrtums in der Bezeichnung, etwas anderes, so liegt der Fall der falsa demonstratio vor: Es gilt nicht das, was die Parteien übereinstimmend irrig erklärt haben, sondern es gilt das, was die Parteien übereinstimmend richtig gewollt haben. In unserem Fall wollten, wie sich das auch aus den bisherigen Besitzverhältnissen ergibt, die Pl. Nr. 613 mit Ausnahme des Lagerplatzes veräußern und übergeben; infolge der irrigen Meinung, der Lagerplatz sei in die Pl. Nr. 613 nicht hineingemessen, erklärten sie aber die Einigung in der Richtung auf die ganze Pl. Nr. 613. Es liegt also Einigung (Auflassung) nur in der Richtung auf Pl. Nr. 613 mit Ausnahme des Lagerplatzes vor.

Infolge der irrigen Beurkundung wurde aber die ganze Pl. Nr. 613 von Rasch auf Hurtig umschrieben.

Bezüglich der Teilfläche liegt daher zwar Eintragung, aber keine Auflassung vor, die Teilfläche ist also nach wie vor Eigentum des Rasch geblieben. S. RGRK. (1928) § 925 Anm. 6 und Staudinger (1926) § 925 Anm. A, III, 3 b, *α* und *δ*.

Hurtig, der nie Eigentümer des Lagerplatzes geworden ist, kann daher dessen Herausgabe nach § 985 BGB. nicht verlangen, im Gegenteil kann Rasch, dessen Eigentum durch die Umschreibung der ganzen Pl. Nr. 613 verletzt worden ist, von Hurtig nach § 894 BGB. Berichtigung des Grundbuchs verlangen, zu welchem Zwecke die vorherige Wegmessung der Teilfläche erforderlich ist; einstweilen kann er sich gegen die Gefahren des öffentlichen Glaubens dadurch sichern, daß er nach § 899 BGB. einen Widerspruch eintragen läßt.

Allerdings steht dem Hurtig als eingetragenem Eigentümer die Vermutung des § 891 BGB. zur Seite. Diese Vermutung kann aber von Rasch durch Gegenbeweis zerstört werden; er wird behaupten und durch die Tatsache, daß Hurtig bisher niemals Besitz an der Teilfläche erworben hat und erwerben wollte, daß dagegen stets er, Rasch, in deren Besitz war, beweisen, daß Veräußerungs- und Erwerbswille in der Richtung auf die Teilfläche gefehlt haben; eben aus diesem Nachweis ergibt sich auch, daß § 892 BGB., der rechtsgeschäftlichen Erwerb, der hier nicht vorliegt, zur Voraussetzung hat, nicht in Frage kommt. Eine Bezugnahme auf das Grundsteuerkataster ist völlig belanglos.

VI.

Haftung des Rasch wegen des Motors.

Hurtig verlangt von Rasch Ersatz des Kaufpreises von 6000 Mk.

1. Über den Rechtsgrund des Anspruchs ist zu sagen:

a) Würde Rasch mit Hurtig in einem Vertragsverhältnis stehen, so würde er allerdings auch für Fahrlässigkeit nach § 276 BGB. haften; Rasch steht aber nicht mit Hurtig, sondern nur mit der norddeutschen Fabrik in einem Vertragsverhältnis, nur diese hat Rasch beauftragt, die Räder dem Hurtig zuzuführen.

b) Auch Geschäftsführung ohne Auftrag nach § 677 BGB. liegt nicht vor, weil Rasch nur den Auftrag der Fabrik ausführen wollte und ausführte und nicht den Willen hatte, für Hurtig zu handeln; deshalb auch keine Haftung nach § 677 BGB.

c) Eine allgemeine Rechtspflicht, fremdes Eigentum gegen Gefahren zu schützen und vor Diebstahl zu bewahren, besteht nicht.

d) Es ist noch zu untersuchen, ob nicht für Rasch eine Verantwortung aus unerlaubter Handlung nach § 823 Abs. 1 BGB. besteht. Rasch ist Frachtführer. Als solcher hat er dem Eigentümer der Räder gegenüber beruflich eine Obhuts- und Überwachungspflicht. Diese Pflicht hat er fahrlässigerweise dadurch verletzt, daß er es unterließ, seinem Fuhrknecht eine Begleitperson mitzugeben, so daß dieser gezwungen war, zeitweise, wenn er andere Stückgüter an den

Empfänger ablieferte, seinen Wagen unbeaufsichtigt stehen zu lassen und so die Gefahr des Diebstahls herbeiführte. Hurtig ist durch persönliche Übernahme der Räder in der Fabrik Eigentümer nach § 929 BGB. geworden. Rasch ist daher dem Hurtig haftbar nach § 823 Abs. 1 und § 276 BGB.

2. Über die Höhe des Anspruchs ist zu sagen: Wenn sich Rasch darauf beruft, daß er nur 150 Mk. nach Maßgabe der allgemeinen Bedingungen der Eisthaler Rollfuhrwerksunternehmer als Schaden zu vergüten habe, so ist dies unrichtig, weil Hurtig sich diesen Bedingungen weder ausdrücklich noch stillschweigend unterworfen hatte, er sie auch nicht einmal gekannt hat. Übrigens wäre diese Haftungsbeschränkung, die auch auf Fälle eigener Fahrlässigkeit ausgedehnt wird, nach § 138 BGB. nichtig. Hurtig kann daher Schadensersatz in voller Höhe verlangen; Hurtig hat nur Ersatz im Rahmen des § 249 BGB. verlangt, er könnte aber darüber hinaus noch Schaden für entgangenen Gewinn nach § 252 BGB. verlangen.

VII.

Autohalle.

Rasch hat Anspruch auf Schadensersatz. Der Schaden ist zweifellos dadurch verursacht worden, daß entgegen der Vorschrift des § 909 BGB. bei der Ausschachtung des Baugrundstücks nicht für genügend anderweitige Befestigung des Nachbargrundstücks des Rasch gesorgt worden war. § 909 BGB. bildet ein Schutzgesetz im Sinne des § 823 Abs. 2 BGB., dessen fahrlässige Außerachtlassung macht den Unternehmer schadensersatzpflichtig (§ 276 Abs. 1 wegen des Begriffes der Fahrlässigkeit).

Unternehmer ist Schlau, dem Hurtig den Neubau gegen eine Pauschalsumme übertragen hatte, er ist also jedenfalls haftbar.

Es frägt sich, ob auch Hurtig nach § 831 BGB. haftbar ist. Das ist zu verneinen. § 831 BGB. setzt immer voraus, daß der Besteller dem Unternehmer gegenüber die Stellung des Geschäftsherrn einnimmt, daß also der Besteller die erforderlichen Anordnungen für die Ausführungen der Verrichtungen zu erteilen und der Bestellte ihm Folge zu leisten hat, daß also der Bestellte vom Willen des Bestellers abhängig ist. Das trifft hier, wo Schlau ganz selbständig war, nach eigenem Ermessen handeln durfte und nur den vollendeten Bau dem Hurtig abzuliefern, nicht zu. Hurtig ist daher hier nicht Besteller im Sinne des § 831 BGB., eine Haftung des Hurtig hieraus kommt daher nicht in Frage.

Nr. 6.

Staatsprüfung 1923, Mai/Juni I. Abt. 1. Aufg. Nr. I. *)

I.

Mit Urkunde des Notariats Felden I vom 1. Mai 1923 hat der offenbar im Grundbuch als Eigentümer eingetragene Huber die Pl. Nr. 2 der St. Gde. Felden an Zahn verkauft und aufgelassen.

Mit Urkunde des Notariats Felden II vom 4. Mai 1923 hat Zahn, vertreten durch Meier, das Grundstück an Feurich verkauft und aufgelassen.

Mit Urkunde des Notariats Augsburg XV vom 4. Mai 1923 hat Zahn selbst das Grundstück an Himmelbacher verkauft und aufgelassen.

Die drei Urkunden sollen im folgenden kurz mit Urkunde Nr. 1, 2 und 3 bezeichnet werden.

Dem Grundbuchamt Felden wurde Urkunde Nr. 2 am 4. Mai, Urkunde Nr. 3 am 5. Mai, Urkunde Nr. 1 aber erst am 6. Mai 1923 vorgelegt.

II.

1. Angenommen, es wäre nur Urkunde Nr. 1 und 2 in der erwähnten Weise gefertigt und vorgelegt worden.

Dem Vollzuge der Urkunde Nr. 2 stand dann vorerst das Hindernis des § 40 GBO. im Wege. Das Grundbuchamt konnte auf dreifache Weise vorgehen:

a) Es konnte den Antrag vom 4. Mai nach § 18 GBO. endgültig zurückweisen.

b) Es konnte nach § 18 GBO. eine Zwischenverfügung erlassen und eine Frist zur Hebung des Hindernisses stellen.

c) Es konnte aber auch die Urkunde formlos und kurzhändig dem Notar zurückgeben und ihm anheimstellen, das Vollzugshindernis in angemessener Frist zu beseitigen. § 72 DAfGBA.; Meikel § 18 Anm. 5 b.

*) Schweitzers PrüfAufg. 1922 und 1923 S. 105.

Das Grundbuchamt hat mit seiner Verfügung vom 5. Mai den dritten Weg eingeschlagen.

Am 6. Mai wurde Urkunde Nr. 1 dem Grundbuchamt vorgelegt. Damit war das Vollzugshindernis der Urkunde Nr. 2 weggeräumt. Es konnte nunmehr Urkunde Nr. 1 vollzogen, und nachdem damit Zahn als Eigentümer im Grundbuch eingetragen worden war, sodann auch Urkunde Nr. 2 vollzogen werden.

Diesem Verfahren stand § 17 GBO., wonach Urkunden, die dasselbe Recht betreffen, nach der Reihenfolge ihres Einlaufs vollzogen werden müssen, nur scheinbar im Wege. § 17 GBO. bezieht sich nur auf Anträge, die gegenseitig kollidieren, die Vorschrift bezweckt lediglich, in solchen Fällen den früher gestellten Antrag vor einer ungerechtfertigten Bevorzugung des später gestellten Antrags zu schützen. Er findet aber keine Anwendung für die Fälle, in denen durch Vollzug des späteren Antrags der Vollzug des früheren erst ermöglicht wird, wie hier. Wäre dies nicht der Fall, so hätte, wie hier, die Setzung einer Frist oder die formlose Zurückgabe zum Zwecke der Behebung des Vollzugshindernisses gar keinen Sinn, denn es müßte dann, auch wenn das Hindernis weggeräumt würde, doch nach § 17 der frühere Antrag zurückgewiesen werden und der frühere Antrag müßte dann nach Vollzug des späteren Antrags neu gestellt werden. S. Güthe (1923 u. 1929) § 17 Anm. 26; Achilles-Strecker §§ 40, 41 Anm. 1 a.

2. Angenommen, es wäre nur Urkunde Nr. 1 und 3 in der erwähnten Weise gefertigt und vorgelegt worden. Die obigen Grundsätze kämen hier in entsprechender Weise zur Anwendung.

3. Angenommen, es wäre nur Urkunde Nr. 2 und 3 in der erwähnten Weise gefertigt und vorgelegt worden, das Vollzugshindernis des § 40 GBO. wäre aber nicht vorgelegen. Hier kommt § 17 GBO. selbstredend zur Anwendung. Urkunde Nr. 2 ist zu vollziehen, die später eingelaufene Urkunde ist sodann aus dem Grunde des § 40 GBO. zurückzuweisen.

4. Nach dem gegebenen Tatbestande war hienach einmal das Verhältnis der beiden Urkunden Nr. 2 und 3 zur Urkunde Nr. 1, und sodann das Verhältnis der beiden Urkunden Nr. 2 und 3 unter sich selbst zu untersuchen.

a) Nachdem dem Vollzug der Urkunde Nr. 2 das gleiche Hindernis im Wege stand, wie dem Vollzug der Urkunde Nr. 3, hätte das Grundbuchamt beide Urkunden in dieser Beziehung gleich behandeln müssen; nachdem es daher für erstere Urkunde den Weg der kurzhändigen Zurückgabe gewählt hat, hätte es auch die Urkunde Nr. 3 vorerst kurzhändig zurückgeben müssen. Nachdem sodann mit Vorlage der Urkunde Nr. 1 das Grundbuch auf Zahn umschrieben werden konnte und damit das den beiden Urkunden Nr. 2 und 3 im Wege stehenden Vollzugshindernis weggeräumt war, hätte es sich nunmehr dem Verhältnis dieser beiden Urkunden unter sich zuwenden müssen.

b) Das Grundbuchamt hätte nunmehr aus den oben unter 3 genannten Gründen die früher eingelaufene Urkunde Nr. 2 vollziehen, und sodann Urkunde Nr. 3, der mit eben diesem Vollzug das neue und unheilbare Hindernis aus § 40 GBO. entgegengestanden hätte, zurückweisen müssen.

III.

Wäre im Verhältnis der unter sich kollidierenden Urkunden Nr. 2 und Nr. 3 bei Nr. 2 ein dauerndes Vollzugshindernis vorgelegen, so hätte das Grundbuchamt allerdings diese zurückweisen und sodann Urkunde Nr. 3, der ja dann die Urkunde Nr. 2 nicht mehr entgegengestanden wäre, vollziehen müssen. Das Grundbuchamt hat aber zu Unrecht bei Urkunde Nr. 2 ein solches Vollzugshindernis, nämlich Widerruf der Vollmacht, angenommen.

Gibt der Betroffene nicht selbst eine Einwilligungs- oder Auflassungserklärung ab, sondern für diesen ein anderer, so darf das Grundbuchamt nach § 30 GBO. die Eintragung nur vornehmen, wenn die Vertretungsmacht in Form des § 29 GBO. nachgewiesen ist. Das ist hier der Fall; Meier hat bei der Auflassung vom 4. Mai notarielle Generalvollmacht des Zahn vorgelegt; dabei konnte dieser Nachweis nicht nur von dem Grundbuchamte, sondern auch vor dem Notar geführt werden; s. DAfGBA. § 145; Güthe, 1923, § 29 Anm. 138; Arnheim, § 30 Anm. 20; Achilles-Strecker S. 238 Abs. 2. Der Attest des Notars, daß ihm die Vollmachtsurkunde vorgelegt wurde, muß dem Grundbuchamt als Nachweis genügen.

Ist eine Vollmachtsurkunde ausgestellt worden, so bleibt nach § 172 Abs. 2 BGB. die Vertretungsmacht bestehen, bis die Vollmachtsurkunde dem Vollmachtgeber zurückgegeben oder für kraftlos erklärt ist. Aus der Tatsache, daß Meier bei seiner Auflassungserklärung die Urkunde noch in Händen hatte, und da auch keinerlei Anhaltspunkte zur Annahme einer Kraftloserklärung nach § 176 BGB. vorlagen, mußte das Grundbuchamt annehmen, daß die Vertretungsmacht noch weiter bestand. Zur Annahme des Widerrufs der erteilten Vollmacht lag kein Grund vor.

§ 32 GBO. kommt übrigens hier nicht in Frage, da es sich hier um Zurücknahme einer lediglich zur Stellung eines Eintragungs**antrags** erteilten Vollmacht, die ihrerseits nach § 30 GBO. einer Form nicht bedürfen würde, gar nicht handelt.

Selbst wenn übrigens Zahn nach der von Meier erklärten Auflassung die Vollmacht durch Zurücknahme der Vollmachtsurkunde widerrufen, und das Grundbuch diesen Widerruf erfahren hätte, hätte es doch die Umschreibung auf Feurich vollziehen müssen, da mit der auf Grund der damals noch bestehenden Vollmacht erklärten Auflassung Zahn nach § 873 Abs. 2 BGB. an diese nunmehr unwiderruflich gebunden war.

IV.

Das Grundbuchamt hätte also, nachdem mit Vollzug der Urkunde Nr. 1 das für die beiden andern Urkunden in gleicher Weise bestehende Vollzugshindernis des § 40 GBO. beseitigt war, nunmehr Urkunde Nr. 2 vollziehen und darauf Urkunde Nr. 3 zurückweisen müssen. Es hat aber umgekehrt Urkunde Nr. 3 vollzogen und Urkunde Nr. 2 zurückgewiesen.

Sowohl durch die Zurückweisung seines Antrags wie durch die Eintragung auf Himmelbacher war Feurich in seinem behaupteten Rechte beeinträchtigt (§ 20 FGG.), war also zur Beschwerdeführung legitimiert.

Gegen Zurückweisungen von Anträgen ist nach § 71 GBO. Beschwerde zulässig. Im Beschwerdeweg kann die Entscheidung des Grundbuchamts aufgehoben und dieses angewiesen werden, die beantragte Eintragung vorzunehmen (Güthe, 1925, § 71 Anm. 10).

Auch gegen Eintragungen ist Beschwerde im Sinne des § 71 Abs. 2 GBO. zulässig. Im Falle sie begründet ist, kann aber die Eintragung nicht beseitigt werden, sondern es kann das Grundbuchamt lediglich angewiesen werden, einen Widerspruch einzutragen.

Legt daher Feurich gegen die Zurückweisung Beschwerde ein, die als einfache an eine Frist nicht gebunden ist, so ist diese zulässig und an sich auch begründet; denn das Grundbuchamt hat, wie ausgeführt, zu Unrecht die Eintragung abgelehnt. Wird nun aber das Grundbuchamt angewiesen, die Umschreibung auf Feurich vorzunehmen, so muß hier trotzdem das Grundbuchamt von neuem diesen Buchungsantrag zurückweisen, weil dessen Vollzug durch die inzwischen erfolgte Eintragung auf Himmelbacher nunmehr ja das Hindernis des § 40 GBO. im Wege steht. S. Güthe, 1925 und 1929, § 75 Anm. 4 letzter Absatz; Güthe, 1923 und 1929, § 18 Anm. 26 vorletzter Absatz.

Beantragt dagegen Feurich im Beschwerdewege nach § 71 Abs. 2 GBO., daß das Grundbuchamt angewiesen wird, einen Widerspruch gegen die Eintragung des Himmelbacher einzutragen, so ist die Beschwerde zwar zulässig, aber unbegründet. Denn die zur Begründetheit der Beschwerde erforderlichen Voraussetzungen des § 54 Abs. 1 GBO. liegen hier nicht vor. Denn das Grundbuchamt hat zwar das Gesetz verletzt, indem es entgegen der Vorschrift des § 17 GBO. den später eingelaufenen Antrag der Urkunde

Nr. 3 vor dem früher eingelaufenen Antrag der Urkunde Nr. 2 vollzogen hat. Das Grundbuch ist aber dadurch nicht unrichtig geworden, denn § 17 GBO. ist trotz des Wortlauts „darf ... nicht" nur Ordnungsvorschrift. Erfolgt daher, wenn auch ordnungswidrig, eine gegen § 17 GBO. verstoßende Eintragung, so ist das Grundbuch trotzdem richtig. Güthe, 1923, § 17 Anm. 28.

Dem Feurich bleibt daher lediglich ein Haftungsanspruch gegen den Staat nach § 12 GBO.

Eine andere Frage ist, ob Feurich von Himmelbacher nach §§ 826, 249 BGB. wegen illoyaler Handlung Schadenersatz oder Auflassung verlangen kann. Diese Frage muß im Prozeßweg entschieden werden; wird nachgewiesen, daß Himmelbacher von der schon erfolgten Auflassung an Feurich Kenntnis hatte (was allerdings zweifelhaft ist, da die beiden Urkunden am gleichen Tage an verschiedenen Orten errichtet wurden), so könnte Feurich wohl obsiegen. Eben weil Feurich unter Umständen einen Anspruch auf Eigentumsübertragung hat, könnte er auch im Wege der einstweiligen Verfügung nach § 885 BGB. die Eintragung einer Vormerkung erwirken.

V.

Nach einer allerdings nicht unbedenklichen Entscheidung des Reichsgerichts vom 9. Mai 1903 (RG. 54, 364 ff.) soll es bei mehrfacher Übertragung der Eintragung auf die Zwischenmänner nicht bedürfen (Meikel, § 40 Anm. 4; Güthe, 1923 und 1929, § 40 Anm. 3 letzter Absatz). Der Tatbestand der Aufgabe, der von der Zwischeneintragung des Zahn nichts erwähnt, geht anscheinend von dieser Entscheidung aus. Die Nichteintragung des Grundstücks auf den Zwischenmann Zahn würde aber an den obigen Ausführungen in materieller und formeller Beziehung nichts ändern.

Nr. 7.

Staatsprüfung 1924, November I. Abt. 3. Aufgabe.*)

I.

1. Empfangsbedürftige Willenserklärungen, also solche, die, um wirksam zu werden, einem andern gegenüber abgegeben werden müssen, können, gleichgültig, ob es sich um Vertragserklärungen oder um einseitige Erklärungen handelt, dem Erklärungsgegner gegenüber entweder in dessen Anwesenheit oder in dessen Abwesenheit abgegeben werden.

Für den Fall, daß eine solche Erklärung in Abwesenheit des Erklärungsgegners abgegeben wird, stellt § 130 BGB. folgende Regeln auf: Die Erklärung wird wirksam in dem Zeitpunkt, in welchem sie dem Erklärungsgegner zugeht. Sie wird nicht wirksam, wenn ihm vorher oder gleichzeitig ein Widerruf zugeht. Dies gilt auch, wenn die Erklärung einer Behörde gegenüber abzugeben ist.

Ist eine Vertrags- oder einseitige Willenserklärung einmal wirksam geworden, so kann sie regelmäßig nicht mehr widerrufen werden (Planck, 1913, Anm. VI vor § 104).

2. Der Eintragungsantrag ist eine einseitige empfangsbedürftige Willenserklärung, die dem Grundbuchamt gegenüber abzugeben ist; das folgt aus § 13 GBO. Für sie gelten die obigen Regeln, aber mit einer Ausnahme: Der Eintragungsantrag kann, auch wenn er wirksam geworden ist, widerrufen werden; der Widerruf bedarf aber zu seiner Wirksamkeit der Form des § 29 GBO. Daraus folgt für unseren Fall:

a) Ist, was aus dem Tatbestand nicht hervorgeht, der Widerruf des Klein dem Grundbuchamt vor oder gleichzeitig mit dessen Antrag zugegangen, so liegt ein wirksamer Eintragungsantrag überhaupt nicht vor.

b) Ist dagegen der Widerruf dem Grundbuchamt erst nach dem Antrag zugegangen, so ist der Widerruf ohne rechtliche Bedeutung, da er der Form des § 29 GBO. entbehrt.

*) Schweitzers PrüfAufg. 1924, Heft 2 S. 15.

c) Aber auch wenn Fall a) vorliegen sollte, so kann sich Klein doch nicht darauf berufen, daß ein wirksamer Antrag nicht vorliegt. Denn nach § 13 Abs. 2 GBO. kann der Eintragungsantrag nicht nur vom verlierenden, sondern auch vom gewinnenden Teil gestellt werden, und die Kreditbank Felden hat, wie sich aus dem Tatbestand ergibt, nach dem Widerruf des Klein ihrerseits Eintragungsantrag gestellt. Eintragungsantrag nach § 13 GBO. liegt daher auf jeden Fall vor.

d) Beizufügen ist noch: Die Einwendung des Klein, weil Antrag und Zurücknahme des Antrags am gleichen Tage in den Einlauf des Grundbuchamtes gekommen seien, höben sie sich gegenseitig auf, keine Erklärung habe den Vorrang vor der anderen, ist natürlich unrichtig. Es kommt nicht auf den Tag, sondern auf den Moment des Einlaufs beim Grundbuchamt an, und sind hiefür die obigen Gesichtspunkte ausschlaggebend.

3. Auch die Eintragungsbewilligung des § 19 GBO. ist eine einseitige, empfangsbedürftige Willenserklärung, die dem Grundbuchamt gegenüber abzugeben ist oder doch ihm gegenüber abgegeben werden kann. Güthe, 1923 und 1929, § 19 Anm. 29. Für sie gelten die Regeln unter 1, und zwar ohne Ausnahme; eine einmal wirksam gewordene Eintragungsbewilligung kann daher nicht mehr widerrufen werden.

Wäre dagegen vor oder gleichzeitig mit der Eintragungsbewilligung ein Widerruf dem Grundbuchamt zugegangen, so könnte aus § 130 BGB. geschlossen werden, daß eine wirksame Eintragungsbewilligung überhaupt nicht vorliegt. Das ist aber ohne weiteres hier nicht der Fall. Wie die Eintragungsbewilligung selbst, so bedarf nach allgemeiner Ansicht auch der Widerruf des § 130 Abs. 1 Satz 2 BGB. der Form des § 29 GBO. (Güthe [1923 und 1929] § 19 Anm. 84; Arnheim [1913] § 19 Anm. 30 am Schluß); ein formloser Widerruf ist daher unwirksam. Daraus folgt:

a) Ist der Widerruf vor oder mit der Eintragungsbewilligung beim Grundbuchamt eingelaufen, so ist er unwirksam, weil er der Form des § 29 GBO. ermangelt.

b) Ist er dagegen erst nach der Eintragungsbewilligung dem Grundbuchamt zugegangen, so war er überhaupt aus materiell-rechtlichen Gründen bedeutungslos. Es liegt also auch rechtswirksame Eintragungsbewilligung vor.

c) Wegen der Einwendung des Klein, Eintragungsbewilligung und deren Zurücknahme seien am gleichen Tage erfolgt, kann auf die Ausführungen oben unter 2 d verwiesen werden.

4. Nachdem sonach die Voraussetzungen der §§ 13 und 19 GBO., und offenbar auch jene des § 40 GBO. vorliegen, hätte das Grundbuchamt die Hypothek eintragen müssen. Gegen die Zurückweisung des Antrags der Kreditbank Felden war daher nach § 71 GBO. Beschwerde zulässig und begründet.

5. Die Erklärung des Klein, er sei an seine notarielle Erklärung nicht gebunden, da sie nur eine einseitige sei, ist unrichtig. Durch Vorlegung der Eintragungsbewilligungserklärung vor dem Grundbuchamte am 17. Juli 1924 ist diese Erklärung spätestens mit diesem Tage formellrechtlich unwiderruflich und bindend geworden, gleichgültig, ob der Erklärung ein dinglicher Vertrag zugrunde lag oder nicht (Meikel § 19 Anm. 6; Güthe, 1923, § 19 Anm. 78).

6. Die Behauptung der Bank, es sei ein dinglicher Vertrag in notarieller Form zustandegekommen, ist natürlich falsch. Die Bank will aber damit offenbar behaupten, die Bindung des Klein sei schon mit dessen Erklärung vor dem Notar vom 15. Juli 1924 erfolgt; eine Untersuchung ergibt folgendes:

Die Eintragungseinwilligung der §§ 19, 29 GBO. kann, wie sich aus § 873 Abs. 2 BGB. ergibt, nicht nur dem Grundbuchamt, sondern auch dem gewinnenden Teil gegenüber erklärt werden. Während nun aber erstere eine formelle Bindung und Unwiderruflichkeit des Betroffenen begründet (s. oben 5), gleichgültig, ob der Eintragungseinwilligung eine Einigung zugrunde liegt oder nicht, ist dies bei der letzteren anders.

§ 873 BGB. setzt das Vorliegen einer Einigung voraus; diese ist an sich wirksam, aber widerruflich; erst wenn außerdem der Berechtigte dem andern Teil eine Eintragungseinwilligung aushändigt, ist die Einigung und damit auch die Eintragungseinwilligung unwiderruflich.

Klein war also schon am 15. Juli 1924 gebunden, wenn damals schon Einigung vorlag und die Eintragungseinwilligung der Bank ausgehändigt war.

Aus dem Briefwechsel der beiden Beteiligten kann auf eine Einigung, die ja einer Form nicht bedarf, geschlossen werden. Jedenfalls ist aber eine solche Einigung aus den Erklärungen vom 15. Juni 1924 anzunehmen. Die formelle Eintragungsbewilligung kann und wird regelmäßig die materielle Einigungserklärung, die Vertragsofferte, des Bewilligenden in sich schließen (Güthe, 1923 und 1929, § 19 Anm. 12). In der Beurkundung des von der Bank bevollmächtigten Notars kann stillschweigendes Vertragsakzept gesehen werden.

Nun wurde allerdings die Eintragungsbewilligung der Bank nicht körperlich ausgehändigt. Nach Planck (1920) § 873 Anm. 2 b δ und Staudinger [1926] § 873 Anm. B, III, 1 d ist unter Aushändigung die Übertragung des unmittelbaren Besitzes zu verstehen. Nach RGRK., 1921 und 1928, § 873 Anm. 17 bedarf es dagegen nicht unbedingt einer körperlichen Aushändigung; bei notarieller Erklärung soll die Einwilligung als dem andern Teil zugegangen gelten, wenn dieser sich Besitz davon jederzeit beschaffen kann; das ist hier der Fall.

Zwar nicht auf Grund der ersteren, wohl aber auf Grund der letzteren Ansicht muß daher eine Bindung des Klein schon ab 15. Juli 1924 angenommen werden (s. auch Güthe, 1928 und 1929, § 19 Anm. 80).

II.

1. Bei rechtsgeschäftlichen Rechtsänderungen an Grundstücken oder Rechten an Grundstücken kommen stets drei Rechtsakte in Frage: Grundgeschäft, Erfüllungsgeschäft = Einigung und Eintragung.

Die Eintragung obliegt dem Grundbuchamt. Dieses, als öffentliche, mit der Führung des Grundbuchs betraute Behörde, hätte an sich daher stets zu prüfen, ob durch die Eintragung die beantragte Rechtsänderung erzeugt wird, ob also sämtliche Voraussetzungen für den Eintritt der Rechtsänderung gegeben sind; verneinendenfalls hätte es den Antrag zurückzuweisen, da andernfalls das Grundbuch durch die Eintragung unrichtig würde. Sog. Legalitätsprinzip.

Wäre daher die Rechtsgültigkeit des Grundgeschäftes eine Voraussetzung für die Rechtsgültigkeit der Einigung, so hätte das Grundbuchamt die Gültigkeit des Grundgeschäftes zu prüfen. Und ist die Gültigkeit der Einigung eine Voraussetzung für die Gültigkeit der Eintragung, so hätte es des ferneren noch selbständig die Gültigkeit der Einigung zu prüfen.

a) Die Rechtswirksamkeit des Grundgeschäftes ist nach BGB. grundsätzlich ohne Einfluß auf die Rechtswirksamkeit des Erfüllungsgeschäftes. Die Einigung ist von der Rechtsbeständigkeit des Grundgeschäftes unabhängig, sie ist ein abstraktes Rechtsgeschäft (s. RGRK. [1921 und 1928] § 125 Anm. 1 c u. § 873 Anm. 7 b, Staudinger (1926) § 873 Anm. B, I, 2, β; Meikel [1912] § 19 Anm. 4 d; Güthe [1923] § 19 Anm. 27). Der Grundbuchrichter ist daher nicht verpflichtet, die Gültigkeit des Grundgeschäftes zu prüfen; sie wäre zwecklos, da selbst bei festgestellter Ungültigkeit des Grundgeschäftes die Eintragung vorgenommen werden müßte (Ausnahme s. Güthe [1923] Vorbem. zum II. Abschnitt Anm. 99 letzter Absatz).

b) Dagegen ist nach materiellem Recht die Rechtsgültigkeit der Einigung eine Voraussetzung der Rechtswirksamkeit der Eintragung, da nach § 873 BGB. eine Rechtsänderung nur durch Einigung und Eintragung erfolgen kann. Das Grundbuchamt hätte daher an sich stets das Bestehen und die Rechtsgültigkeit der Einigung zu prüfen; es hätte daher einmal zu prüfen, ob ein Erfüllungsvertrag überhaupt vorliegt, ferner ob er rechtsgültig ist, ob also insbesondere beide Vertragsteile rechts- und geschäftsfähig und speziell der verfügende (= verlierende, betroffene) Vertragsteil verfügungsfähig ist. Trotzdem obliegt dem Grundbuchamt auch eine solche Prüfungspflicht nicht.

Nach formellem Grundbuchrecht, und zwar dem das materielle Legalitätsprinzip durchbrechenden sog. formellen Konsensprinzip des § 19 GBO. hat nämlich das Grundbuchamt die Eintragung schon vorzunehmen, wenn nur die Einigungserklärung des verlierenden, betroffenen Teils in Form der Eintragungsbewilligung vorliegt. Es hat also nur zu prüfen, ob dessen Erklärung vorliegt, dabei aber selbstverständlich deren Rechtswirksamkeit zu prüfen, daher besonders, ob der betroffene Teil rechts-, geschäfts- und verfügungsfähig ist. S. des näheren Meikel § 18 Anm. 1. Dabei ist das Grundbuchamt zwar nicht verpflichtet, Erhebungen darüber anzustellen, ob in diesen Punkten Mängel vorliegen, wohl aber hat es sie zu beachten, wenn es von solchen eine amtliche Wissenschaft besitzt (Meikel § 18 Anm. 2).

Eine Ausnahme vom formellen Konsensprinzip und damit die Regel des materiellen Legalitätsprinzips gilt nur für den Fall der Eigentumsübereignung nach § 20 GBO.

2. Dem Grundbuchamt wurde eine Hypothekeneintragungsbewilligung des Klein nach § 19 GBO. vorgelegt, zugleich vom Notar mitgeteilt, daß Klein schon vor Abgabe dieser Erklärung des betreffende Anwesen an Kurz verkauft und aufgelassen, ihm auch den Besitz daran übertragen habe.

a) Diese Mitteilung mußte das Grundbuch an sich beachten (Meikel § 18 Anm. 2). Es frägt sich aber, ob es daraus auf eine Verfügungsunfähigkeit des Klein schließen durfte. Das konnte es nicht. Denn trotz Kaufvertrags und Auflassung und Besitzübertragung des Grundstücks ist Klein nach wie vor Eigentümer des Grundstücks geblieben, er war lediglich persönlich dem Kurz gegenüber zur Übereignung verpflichtet, er konnte aber, wenn auch vertragswidrig, über das Eigentum anderweitig verfügen, da eine nur persönliche Verpflichtung eine Verfügungsbeschränkung nicht zur Folge hat.

b) Das Grundbuchamt hat nun den Antrag deswegen zurückgewiesen, weil die Bestellung der Hypothek eine Arglist gegen den Käufer darstelle und daher nach § 138 BGB. nichtig sei. Es hat also offenbar die Eintragungsbewilligung = Hypothekbestellung des Kurz für nichtig erachtet, weil das dieser Erklärung und damit der Einigung zugrunde liegende Grundgeschäft, nämlich die Verpflichtung zur Hypothekbestellung, nichtig sei.

Das Grundbuchamt hat hier in doppelter Weise gefehlt.

Selbst wenn das Grundbuchamt die Nichtigkeit des Grundgeschäftes hätte feststellen können, so hätte es doch daraus die Nichtigkeit der Eintragungsbewilligung als eines Teiles des Erfüllungsgeschäftes nicht ableiten dürfen. Denn wie oben unter II 1 a ausgeführt, ist das Erfüllungsgeschäft abstrakt und von der Gültigkeit des Grundgeschäftes unabhängig.

Abgesehen davon, daß das Grundbuchamt aus eben diesem Grunde in eine Prüfung der Nichtigkeit des Grundgeschäftes nicht eintreten durfte, war es aber gar nicht in der Lage, eine umfassende Prüfung in dieser Richtung vorzunehmen. Zwar ist möglich, daß das zwischen Klein und der Kreditbank abgeschlossene Grundgeschäft wegen Handelns aus Eigennutz auf Kosten Dritter nichtig war; siehe RGRK. (1921) § 138 Anm. 1b; das war aber nur der Fall, wenn die Bank von dem Kaufvertrag und der Auflassung Kenntnis hatte; ob dies der Fall war, konnte das Grundbuchamt nicht prüfen. Es ist ferner möglich, daß die Auflassung wieder rückgängig gemacht worden war oder infolge Anfechtung nichtig geworden ist, oder daß Kurz der Hypothekbestellung zugestimmt hat, lauter Tatsachen, die das Grundgeschäft, da in diesem Falle § 138 BGB. nicht in Frage kommt, gültig erscheinen lassen, die sich aber der Prüfung des Grundbuchamtes entziehen.

3. Das Grundbuchamt hat daher, nachdem Antrag nach § 13 und Einwilligung nach §§ 19, 29 GBO. vorlagen, die Eintragung mit Unrecht zurückgewiesen. Gegen die Zurückweisung war nach § 71 GBO. Beschwerde zulässig, das Beschwerdegericht hat das Grundbuchamt zur Vornahme der Eintragung anzuweisen.

Auf die in der Beschwerde geltend gemachte neue Tatsache (§ 74 GBO.), daß inzwischen der Kaufpreis fällig geworden und nicht bezahlt sei, kommt es nach den obigen Ausführungen nicht an, sie ist unerheblich.

Nr. 8.

Staatsprüfung 1925, Mai I. Abt. 3. Aufgabe Nr. II.*)

I.

1. Das Grundbuchamt hat wegen teilweise nicht bezahlter Valuta einen Widerspruch gegen die Richtigkeit der Briefgrundschuld des Sigl eingetragen. Sigl hat gegen diese Eintragung Beschwerde erhoben

a) weil die Grundschuld trotz Nichtzahlung der Valuta für Sigl entstanden, die Eintragung eines Widerspruchs daher materiellrechtlich falsch sei;

b) weil ein Widerspruch ohne Vorlegung des Briefes nicht eingetragen werden könne, die Eintragung daher auch formellrechtlich falsch sei.

2. Zum Zwecke der Vorlegung des Briefes an das Grundbuchamt hat dieses

a) die Vorlegung des Briefes unter Androhung einer Ordnungsstrafe angeordnet,

b) nach Ablauf der gesetzten Frist von einer Woche eine Geldstrafe von 100 Mk., umgewandelt für den Fall der Uneinbringlichkeit in eine Haftstrafe von einer Woche, festgesetzt,

c) den Gerichtsvollzieher zur Wegnahme des Briefes bei Sigl beauftragt.

Auch hiegegen hat Sigl Beschwerde eingelegt.

II.

Sind die Beschwerden formell zulässig?

Die Entscheidungen des Grundbuchamts können eingeteilt werden in Sachentscheidungen und in Verfahrensentscheidungen.

1. Die Sachentscheidungen zerfallen hauptsächlich positiv in Eintragungen, negativ in Zurückweisungen von Eintragungsanträgen. Nachdem nach § 71 Abs. 1 und Abs. 2

*) Schweitzers PrüfAufg. 1925, Heft 1 S. 13.

Satz 1 GBO. gegen die Entscheidungen des Grundbuchamtes das Rechtsmittel der Beschwerde stattfindet, die Beschwerde gegen eine Eintragung aber unzulässig ist, würde sich hienach ergeben: Die Zurückweisungen können mit Beschwerde angefochten und beseitigt werden, nicht aber die Eintragungen. Letzterer Satz gilt aber nicht schlechtweg; § 71 Abs. 2 Satz 1 versteht unter Eintragungen nur jene Eintragungen, welche unter dem öffentlichen Glauben des Grundbuchs stehen; auf jene Eintragungen, auf welche sich der öffentliche Glaube des Grundbuchs nicht erstreckt, gilt dieser Satz nicht, für sie gilt die Regel des § 71 Abs. 1 GBO. Nachdem die Eintragung eines Widerspruchs keinen öffentlichen Glauben genießt, kann daher eine solche Eintragung mit Beschwerde angefochten und beseitigt werden. S. Meikel § 71 Anm. 2d; Jäckel-Güthe (1925 und 1929) § 71 Anm. 9; Henle-Schmitt § 71 Anm. 5a.

2. Nach § 62 Abs. 2 GBO. hat das Grundbuchamt in bestimmten Fällen den Besitzer des Briefs zur Vorlegung anzuhalten: die hiewegen ergangenen Entscheidungen sind Verfahrensentscheidungen. Das Verfahren selbst ist nicht reichsgesetzlich geregelt, sondern in Art. 20 AG.GBO.; es handelt sich also hier um eine der Landesgesetzgebung vorbehaltene Angelegenheit der freiwilligen Gerichtsbarkeit. Für solche Angelegenheiten gelten nach Art. 129 AG.BGB., soweit spezielle landesgesetzliche Bestimmungen nicht bestehen, jene der §§ 2 bis 27 und 29 bis 34 FGG. Mangels Vorliegens bayerischer Sonderbestimmungen gilt also hier für das Beschwerdeverfahren § 19 ff. FGG. Es ist also auch gegen diese Entscheidungen Beschwerde zulässig. S. Henle-Schmitt § 71 Anm. 5e.

3. Beide Beschwerden sind einfache, also an eine Frist nicht gebundene Beschwerden. Die Einlegung ist nach § 73 GBO. und §§ 20, 21 FGG. formgerecht erfolgt.

III.

Ist die Sachbeschwerde materiell begründet?

1. Zur Beantwortung dieser Frage müssen vor allem die Rechtsfolgen der Nichtvalutierung einer Hypothek oder

Grundschuld untersucht werden, und zwar sowohl beim Buchrecht wie beim Briefrecht.

Die nichtvalutierte Buchhypothek ist eine Eigentümergrundschuld (§ 1163 Abs. 1 Satz 1 mit § 1177). Der Eigentümer hat gegen den zu Unrecht im Grundbuch eingetragenen Hypothekgläubiger einen Berichtigungsanspruch auf Umschreibung nach § 894.

Die nichtvalutierte Buchgrundschuld bleibt, da die Grundschuld von einer Forderung nicht abhängig ist, Gläubigergrundschuld. Der Gläubiger ist aber ungerechtfertigt bereichert, der Eigentümer hat daher gegen ihn nach § 812 BGB. einen persönlichen Anspruch auf Übertragung der Grundschuld (RGRK. [1921 und 1928] § 1191 Anm. 1; Planck [1920] § 1192 Anm. 6. S. auch Staudinger [1926] § 1192 Anm. II, 5a, Absatz 2).

Bei der nichtvalutierten Briefhypothek ist die Rechtslage die gleiche wie im ersten Fall. Will der Eigentümer eine rechtsberichtigende Umschreibung im Grundbuch veranlassen, so ist aber hier die Vorlegung des Briefes nach § 42 Abs. 1 Satz 2 GBO. erforderlich, zu diesem Zweck steht dem Eigentümer gegen den Gläubiger der Vorlegungsanspruch des § 896 BGB. zu.

Bei der nicht valutierten Briefgrundschuld ist die Rechtslage die gleiche wie im zweiten Fall. Will der Eigentümer eine rechtsändernde Umschreibung im Grundbuch veranlassen, so ist nach § 42 Abs. 1 Satz 1 GBO. gleichfalls die Vorlegung des Briefes beim Grundbuchamt erforderlich, Vorlegungsanspruch des Eigentümers ergibt sich hier aus einem persönlichen Anspruch auf die Grundschuldübertragung.

2. Diese Ansprüche des Eigentümers können nun durch Eintragung eines Widerspruchs oder einer Vormerkung auch vorläufig gesichert werden; §§ 899, 883 BGB.

Im ersten Fall kann durch einstweilige Verfügung die Eintragung eines Widerspruchs angeordnet und sofort vollzogen werden (§ 899 Abs. 2).

Im zweiten Fall kann durch einstweilige Verfügung die Eintragung einer Vormerkung zur Sicherung des Anspruchs des Eigentümers auf Übertragung der Grundschuld angeordnet und sofort vollzogen werden.

Im dritten Fall ergeht wie im ersten einstweilige Verfügung auf Eintragung eines Widerspruchs. Der sofortigen Eintragung steht aber hier § 42 Abs. 1 Satz 1 GBO. entgegen. Nach Satz 2 hat aber hier ausnahmsweise die sofortige Eintragung ohne vorherige Briefvorlage zu erfolgen.

Im vierten Fall ergeht wie im zweiten einstweilige Verfügung auf Eintragung einer Vormerkung. Der sofortigen Eintragung steht aber hier § 42 Abs. 1 GBO. entgegen. Das Grundbuchamt kann hier die Vormerkung erst eintragen, nachdem ihm der Brief vorgelegt worden ist.

3. Es hätte also hier, wo es sich um eine nicht valutierte Briefgrundschuld handelt, das Prozeßgericht durch einstweilige Verfügung die Eintragung einer Vormerkung anordnen und das Grundbuchamt die Eintragung erst nach Vorlage des Briefs vollziehen sollen.

Nachdem nun aber einmal das Prozeßgericht durch einstweilige Verfügung die Eintragung eines Widerspruchs angeordnet hat, lag für das Grundbuchamt der Fall des § 42 Abs. 1 Satz 2 GBO. vor; es hatte den Widerspruch ohne vorherige Vorlage des Briefes einzutragen. Die formellen Voraussetzungen zur Eintragung, nämlich Buchungsantrag nach § 13 GBO. und einstweilige Verfügung als Ersatz der Eintragungsbewilligung (§ 899 Abs. 2 BGB. und § 19 GBO.) lagen vor, die materiell-rechtliche Grundlage der Verfügung durfte das Grundbuchamt nicht prüfen. S. RGRK. (1921) § 899 Anm. 3; § 885 Anm. 2 (S. 96 Zeile 10 von oben); § 885 Anm. 3 (S. 97 Zeile 22 von unten = RGRK., 1928, S. 107 Zeile 10 von unten und S. 109 Mitte). Staudinger (1926) § 885 Anm. I, 1; III, 2e; 899, Anm. IV, 2.

Die Beschwerde gegen die Widerspruchseintragung des Grundbuchamtes ist daher nicht begründet. Sigl hätte nur gegen die einstweilige Verfügung des Prozeßgerichtes nach §§ 936, 924 ZPO. mit Widerspruch vorgehen können und hätte erst nach Aufhebung der einstweiligen Verfügung an die Löschung des Widerspruchs im Grundbuch gegangen werden können. S. auch Güthe (1923 und 1929) § 43 Anm. 5.

4. Hiezu soll noch beigefügt werden: Während, wie oben ausgeführt, die nicht valutierte Gläubigergrundschuld dem Gläubiger nach wie vor zusteht, geht im Gegensatz hiezu nach §§ 1192, 1143 BGB. die Gläubigergrundschuld auf den Eigentümer über, wenn dieser den Gläubiger befriedigt: s. RGRK. (1921 u. 1928) § 1192 Anm. 1 Abs. 3 Anfang. S. auch Staudinger (1926) § 1192 Anm. II, 5, b Abs. 2. In diesem zweiten Fall kann einstweilige Verfügung auf Eintragung eines Widerspruchs veranlaßt werden und finden in diesem Falle nach § 43 GBO. die Vorschriften des § 42 entsprechende Anwendung; es kann also hier der Widerspruch ohne vorherige Briefvorlage eingetragen werden (KGJ. 31, A 371 = OLG. 12, 285 = RJA. 7, 60).

Eine Entscheidung des Kammergerichts vom 23. Juni 1921 in KGJ. 53, A 219 hält nun auch für den ersten Fall auf Grund des § 43 GBO. die Anordnung der Eintragung eines Widerspruchs für zulässig, dabei soll der Widerspruch zwar nicht gegen das Bestehen der Gläubigergrundschuld gerichtet sein, sich vielmehr auf das Vorhandensein einer der Grundschuld entgegenstehenden Einrede gründen. Güthe a. a. O. hält diese Entscheidung wohl mit Recht für unbegründet, Meikel, § 43 Anm. 2 Abs. 2, äußert sich hiezu nicht bestimmt. Wird diese Entscheidung für richtig erachtet, so waren sowohl das Verfahren des Prozeßgerichtes wie jenes des Grundbuchamtes richtig.

IV.

Sind die Verfahrensbeschwerden materiell begründet?

1. Das Grundbuchamt durfte nicht nur, sondern mußte den Brief nachträglich einfordern. Wie schon erwähnt, soll bei einer Briefhypothek oder Briefgrundschuld nach §§ 42, 43 GBO. eine Eintragung im Grundbuch nur erfolgen, wenn der Brief vorgelegt wird, damit die im Grundbuch erfolgte Eintragung nach § 62 Abs. 1 GBO. auf dem Brief sofort vermerkt werden kann und Grundbuch und Brief stets übereinstimmen.

Hat das Grundbuchamt ausnahmsweise nach § 42 Abs. 1 Satz 2 GBO. die Eintragung eines Widerspruchs ohne Vorlage des Briefes vorzunehmen, so hat es nach § 62 Abs. 2 Satz 2 GBO. den Besitzer des Briefes zur Vorlage anzuhalten, um nachträglich den Widerspruch auf dem Briefe zu vermerken.

2. Waren die Maßnahmen bei Erholung des Briefes gerechtfertigt?

a) Nach Art. 20 AG.GBO. kann das Grundbuchamt die Vorlegung des Briefes durch Ordnungsstrafen erzwingen.

b) Nach Art. 129 AG.BGB. mit § 33 FGG. kann auf Geldstrafen bis zu 300 Mk. erkannt werden. Zur Verhängung der Ordnungsstrafe ist deren vorherige Androhung notwendig; das ist geschehen; daß die Höhe der Geldstrafe in der Androhung schon angegeben ist, ist nicht nötig (Keidel, FGG. § 33 Anm. 4). Die Höhe der erkannten Geldstrafe war angemessen. Dagegen war die Umwandlung der Geldstrafe in eine Haftstrafe unzulässig (Keidel § 33 Anm. 2).

c) Das Gesetz hat in Art. 20 AG.GBO. dem Grundbuchamt als Zwangsmittel nur die Verhängung von Ordnungsstrafen in die Hand gegeben, nicht dagegen die Ausübung unmittelbarer Gewalt.

Die Beschwerde war daher insoweit begründet, als Umwandlung in Haftstrafe und eine Beauftragung des Gerichtsvollziehers beschlossen worden war.

V.

Für die Entscheidung im Kostenpunkt ist Art. 131 AG.BGB. maßgebend. Die Kosten sind nach Abs. 1 an sich von Redlich, in dessen Angelegenheit die Eintragung des Widerspruchs und die damit zusammenhängenden Maßnahmen des Grundbuchamts ergangen sind, zu tragen. Nach Abs. 2 sind aber die durch eine unbegründete Beschwerde eines Beteiligten verursachten Kosten dem Beschwerdeführer aufzuerlegen. Da die Beschwerde des Sigl zum überwiegenden Teil unbegründet ist, waren die Kosten auf Sigl zu $^9/_{10}$, auf Redlich zu $^1/_{10}$ zu verteilen.

VI.

Der Beschluß hatte etwa zu lauten:

1. Der Beschluß des Amtsgerichts — Grundbuchamtes — Felden vom 1. April 1925 wird, soweit er die Beauftragung des Gerichtsvollziehers zur Wegnahme des Briefes bei Sigl anordnet und an Stelle der ausgesprochenen Geldstrafe eine eventuelle Haftstrafe setzt, aufgehoben.

2. Im übrigen wird die Beschwerde als unbegründet zurückgewiesen.

3. Von den Kosten des Beschwerdeverfahrens hat der Beschwerdeführer Sigl $^9/_{10}$, der Kaufmann Redlich $^1/_{10}$ zu tragen.

Nr. 9.

Staatsprüfung 1926, November I. Abt. 3. Aufgabe.*)

Am 15. Mai 1926 wurde die Bestellung einer Briefeigentümergrundschuld für Kraus notariell beurkundet, am 16. Mai lief der Antrag beim Grundbuchamt ein.

Am 19. Mai wurde diese Eigentümergrundschuld an Geyer mit notarieller Urkunde abgetreten, am gleichen Tage lief der Antrag beim Grundbuchamt ein.

Am 19. Mai erging Arrestbefehl in Sachen Werner gegen Kraus, in Vollziehung des Arrestes erging am gleichen Tage Pfändungsbeschluß wegen der Eigentümergrundschuld und des Herausgabeanspruchs des Briefes; am 21. Mai wurden Arrestbefehl und Pfändungsbeschluß dem Kraus, dem Notariat Felden I und dem Grundbuchamt zugestellt.

Am 22. Mai wurde vom Grundbuchamt die Eigentümergrundschuld eingetragen und der Brief ausgefertigt = erteilt, des ferneren Hinterlegung des Briefes für Kraus, Geyer und Werner angeordnet und vollzogen.

Am 23. Mai beantragte Geyer die Eintragung der Abtretung und Werner die Eintragung der Pfändung. Beide Anträge wurden zurückgewiesen mangels Vorlage des Briefes, im übrigen wurden Geyer und Werner auf den Rechtsweg verwiesen.

Es steht also Bestellung, Abtretung und Pfändung einer Briefeigentümergrundschuld in Frage.

Es soll vorerst untersucht werden, in welcher Weise eine Briefeigentümergrundschuld bestellt, abgetreten und gepfändet werden kann.

I.

Die Briefeigentümergrundschuld entsteht nach § 1196 BGB. durch einseitige Erklärung des Eigentümers gegenüber dem Grundbuchamte und Eintragung. Das Grundbuchamt hat des weiteren nach § 1116 Abs. 1 mit § 1192 BGB. einen Brief zu erteilen = herzustellen und diesen

*) Schweitzers PrüfAufg. 1926, Heft 2 S. 11.

nach § 60 Abs. 1 und § 70 Abs. 1 GBO. dem Eigentümer auszuhändigen. Vor Aushändigung ist das Grundbuchamt, nach Aushändigung ist der Eigentümer Besitzer des Briefes.

II.

1. Nach § 1192 Abs. 1 BGB. finden auf die Grundschuld die Vorschriften über die Hypothek entsprechende Anwendung. Zur Abtretung einer Briefgrundschuld, mag sie Gläubiger- oder Eigentümergrundschuld sein, ist daher erforderlich:

a) Entweder Erteilung der Abtretungserklärung in schriftlicher Form und Übertragung des Briefes nach § 1154 Abs. 1 BGB.;

b) oder Eintragung der Abtretung in das Grundbuch und Übertragung des Briefes nach § 1154 Abs. 2 BGB.

In beiden Fällen ist also Besitzübertragung des Briefes (im weiteren Sinne) erforderlich.

Diese Besitzübertragung kann nach § 1154 Abs. 1 mit § 1117 Abs. 1 in einer der vier Formen des § 929 Satz 1, § 929 Satz 2, §§ 930 oder 931 erfolgen; sie kann aber, wenn speziell das Grundbuchamt Besitzer des Briefes ist, nach § 1154 Abs. 1 mit § 1117 Abs. 2 auch durch eine Vereinbarung erfolgen, daß der neue Gläubiger berechtigt sein soll, sich den Brief vom Grundbuchamt aushändigen zu lassen.

Ist das Grundbuchamt im Besitze des Briefes, so kommen demnach als Formen der Besitzübertragung in Frage:

a) Abtretung des Herausgabeanspruchs nach § 931 BGB.;

b) Vereinbarung nach § 1117 Abs. 2 BGB.; in diesen beiden Fällen tritt die Besitzübertragung mit dem Moment der Einigung ein (RGRK. [1921 und 1928] § 931 Anm. 5 und § 1117 Anm. 3 und 4; Staudinger [1926] § 1117, Anm. 2).

c) Selbstredend ist aber auch möglich, daß der Zedent den Dritten, hier das Grundbuchamt, nur auffordert, den Brief an den Zessionar auszuhändigen; hier tritt Besitzübertragung erst in dem Moment ein, in dem der Zessionar durch körperliche Übergabe unmittelbarer Besitzer des Briefes geworden ist; bei einseitig erfolgter Anweisung muß also noch die tatsächliche Aushändigung des Briefes an den neuen Gläubiger hinzutreten, erst dann ist Abtretung der Briefgrundschuld erfolgt (RGRK. [1921 und 1928] § 1117 Anm. 4 Mitte; Staudinger [1926] § 1117, Anm. 2, c.

2. Eine gültige Abtretung kann zwischen Zedent und Zessionar schon vor Entstehung der Hypothek oder Grundschuld und vor Herstellung des Briefes vereinbart werden. Die Übertragung des Rechtes selbst ist aber erst eingetreten, wenn die obigen Voraussetzungen eingetreten sind (Staudinger [1926] § 1154 Anm. 1b und c).

III.

1. Nach § 857 Abs. 6 ZPO. finden auf die Zwangsvollstreckung in eine Grundschuld die Vorschriften über die Zwangsvollstreckung in eine Forderung entsprechende Anwendung. Die Pfändung in eine Briefeigentümergrundschuld erfolgt daher nach § 830 Abs. 1 Satz 1 ZPO. durch Pfändungsbeschluß und Übergabe des Briefes an den Gläubiger; dabei erübrigt sich bei Pfändung einer Eigentümergrundschuld das nach der Regel des § 829 Abs. 1 ZPO. erforderliche Zahlungsverbot an den Drittschuldner, da ein solcher hier nicht vorhanden ist.

Der Pfändungsbeschluß verleiht, wie aus § 830 Abs. 1 Satz 2 ZPO. gefolgert werden muß, dem Gläubiger gegen den Schuldner einen Herausgabeanspruch wegen des Briefes, und bildet zugleich einen Vollstreckungstitel zur Erzwingung der Herausgabe nach § 883 ZPO. (Stein-Jonas [1929] § 830 Anm. IV, 2).

Ist nun der Schuldner Besitzer des Briefes, so nimmt ihn der Gerichtsvollzieher weg, unter Umständen zwangsweise, und übergibt ihn dem Gläubiger; schon mit der Wegnahme gilt die Übergabe nach § 830 Abs. 1 Satz 2 ZPO. als erfolgt und ist damit das Pfandrecht des Gläubigers an der Grundschuld entstanden.

Ist ein Dritter, also unter Umständen auch das Grundbuchamt, Besitzer des Briefes, so gilt folgendes: einmal hat, wie erwähnt, Gläubiger auf Grund seines Pfändungsbeschlusses gegen den Schuldner einen vollstreckbaren Anspruch auf Herausgabe des Briefes; Schuldner hat aber gegen den Drittbesitzer auf Grund des § 985 BGB. einen Anspruch auf Herausgabe des Briefes; Gläubiger läßt nun den Herausgabeanspruch des Schuldners gegen den Dritten, ähnlich einer Forderung, nach § 886 ZPO. pfänden und sich zur Einziehung überweisen; damit hat nunmehr Gläubiger unmittelbar gegen den Dritten den Herausgabeanspruch. Wird nun der Brief an den Gerichtsvollzieher herausgegeben, freiwillig oder zwangsweise, so hat damit erst Gläubiger das Pfandrecht an der Grundschuld nach § 830 Abs. 1 Satz 1 und 2 ZPO. erworben.

Dem Gläubiger steht es des weiteren nach § 835 ZPO. noch frei, die Briefgrundschuld sich zur Einziehung oder an Zahlungs Statt überweisen zu lassen.

2. Solche Pfändungsbeschlüsse können auch vor Entstehung der Hypothek oder Grundschuld und vor Herstellung des Briefes ergehen. Die Pfändung des Rechtes ist aber selbstredend erst erfolgt, wenn die obigen Voraussetzungen erfüllt sind.

IV.

Hienach ergibt sich für unsern Fall folgendes:

1. Der Eintragung der Grundschuld auf den Eigentümer Kraus und der Herstellung des Briefes steht hier nichts im Wege. Läge weder Abtretung noch Pfändung vor, so hätte das Grundbuchamt den Brief dem Kraus aushändigen müssen.

2. Angenommen, außer der Grundschuldbestellung läge nur die Abtretung, nicht aber auch die Pfändung vor, so wäre die Rechtslage diese:

Die Abtretung des Rechtes sollte hier offenbar nicht nach § 1154 Abs. 1, sondern nach § 1154 Abs. 2 BGB. stattfinden; denn von Erteilung einer schriftlichen Abtretungserklärung auf den neuen Gläubiger ist hier nicht die Rede, vielmehr ist ausdrücklich die Eintragung der Abtretung im Grundbuch bewilligt und beantragt.

Die Übergabe des Briefes wollte hier nicht durch die Form des § 931 BGB. oder des § 1117 Abs. 2 BGB. ersetzt werden, also dessen Besitzübertragung im weiteren Sinn nicht in einer dieser Formen stattfinden. Vielmehr wird in der Urkunde des Notariats Felden II dieses oder das Grundbuchamt ausdrücklich beauftragt, den Brief dem Geyer auszuhändigen. Darin kann nur eine einseitige Anweisung an den Besitzer auf Aushändigung an den neuen Gläubiger gesehen werden.

Das Grundbuchamt hatte also (immer vorausgesetzt, daß Pfändung nicht vorlag) nach Eintragung der Grundschuld und Fertigung des Briefes Grundschuld und Brief (§ 62 GBO.) auf Geyer zu umschreiben und sodann den Brief auftragsgemäß dem Geyer auszuhändigen. Da der Brief mit Herstellung dem Grundbuchamt schon vorlag, wäre natürlich eine Vorlegung nach § 42 GBO. entfallen (Meikel § 42 Anm. 5).

Erst mit Umschreibung im Grundbuch auf Geyer und Aushändigung des Briefes an Geyer waren dann die Voraussetzungen des § 1154 Abs. 2 BGB. erfüllt, erst mit Erfüllung dieser beiden Voraussetzungen hat Geyer die Briefgrundschuld als Zessionar erworben. Bis zur Aushändigung war und blieb Kraus Gläubiger der Eigentümergrundschuld.

3. Die von Werner auf Grund seines Pfändungsbeschlusses nach § 830 ZPO. bewirkte Pfändung nach § 886 ZPO. hatte aber nun zur Folge, daß das Grundbuchamt den Brief an Geyer nicht mehr hinausgeben und ihn daher nicht mehr zum Inhaber der Grundschuld machen konnte.

Aber auch Werner konnte nicht Pfandgläubiger der Grundschuld werden; denn dazu ist Pfändungsbeschluß und Übergabe des Briefes nötig; zur letzteren ist, da hier ein Drittbesitzer vorhanden ist, Pfändung und Überweisung des Herausgabeanspruchs nach § 886 ZPO. nötig. Der Herausgabeanspruch wurde aber nur gepfändet, nicht auch zur Einziehung überwiesen, auf Grund dieses mangelhaften Beschlusses war das Grundbuch nicht in der Lage, den Brief dem Werner herauszugeben, er konnte daher bis auf weiteres auch ein Pfandrecht an der Grundschuld nicht erwerben. Selbstverständlich stand es ihm frei, den Beschluß ergänzen zu lassen, und konnte er dann mit damit erwirkter Briefübergabe Pfandrecht an der Grundschuld erwerben.

Die Tatsache, daß Geyer auf Grund des Vertrags mit Kraus einen persönlichen Anspruch auf Beschaffung der Grundschuld hatte, hindert ebensowenig, wie vertragswidrige Verfügung über das Recht durch den Eigentümer, die Pfändung des Rechtes durch einen Gläubiger (RGRK. [1921 und 1928] § 1117 Anm. 1).

V.

Die Rechtslage ist demnach die: Kraus ist Inhaber der Briefeigentümergrundschuld und auch Eigentümer des Briefes nach § 952 Abs. 2 BGB.; Geyer hat die Grundschuld nicht erworben, weil weder Umschreibung im Grundbuch noch Übertragung des Briefes erfolgt ist. Werner ist nicht Pfandgläubiger geworden; Pfändungsbeschluß nach § 830 ZPO. ist zwar ergangen, es fehlt aber an der Übergabe des Briefes.

Das Verfahren des Grundbuchamts war falsch. Hinterlegung des Briefes nach § 372 BGB. ist nicht veranlaßt, da über die Person des Gläubigers Ungewißheit nicht besteht, die Herausgabe des Briefes an Kraus vielmehr durch die erfolgte Pfändung lediglich gehemmt ist. Eine Verweisung auf den Rechtsweg steht dem Grundbuchamt ebensowenig zu wie jedem anderen Schuldner.

VI.

Am 23. Mai beantragte Geyer, daß die Abtretung der Grundschuld in das Grundbuch eingetragen werde; auch Werner beantragte die Eintragung der Pfändung.

1. Der Pfändungsbeschluß vom 19. Mai wurde dem Kraus am 21. Mai zugestellt; nach § 830 Abs. 2 ZPO. ist daher schon mit diesem Tage eine Verfügungsbeschränkung des Kraus im Sinne der §§ 135, 136 BGB. einge-

treten, er konnte daher von da ab über seine Eigentümergrundschuld nicht mehr wirksam verfügen.

Die Ausnahme des § 878 BGB. trifft hier zwar nicht zu; Antrag auf Eintragung ist zwar vorher gestellt worden, es liegt aber noch keine bindende Einigung im Sinne des § 873 Abs. 2 BGB. vor, sondern lediglich eine Eintragungsbewilligung nach § 19 GBO., diese aber genügt dem § 878 BGB. nicht (Güthe [1923 und 1929] Anm. 74 vor § 13).

Trotzdem konnte an sich Geyer das Recht noch erwerben, da er zur Zeit der Antragstellung gutgläubig war; § 135 Abs. 2 und § 892 Abs. 2 BGB. Die Umschreibung auf Geyer konnte daher zwar erfolgen. Sie hatte aber eine Rechtsänderung nicht zur Folge, da zu dieser des weiteren die Besitzübertragung des Briefes an Geyer erforderlich war, diese aber wegen des Herausgabeverbotes an das Grundbuchamt nicht erfolgen konnte.

2. Die Eintragung der Pfändung für Werner konnte überhaupt nicht erfolgen. Während Übertragung und Verpfändung nach § 1154 Abs. 1 und 2 BGB. wahlweise außerhalb des Grundbuchs durch Erteilung einer schriftlichen Abtretungserklärung an den neuen Gläubiger oder innerhalb des Grundbuchs durch Eintragung erfolgen kann, kann die Pfändung nach § 830 ZPO. nur außerhalb des Grundbuchs durch Pfändung und Briefübergabe erfolgen. Erst wenn die Pfändung der Briefgrundschuld auf diese Weise rechtswirksam geworden ist, kann Gläubiger auch deren Eintragung im Grundbuch beantragen, keineswegs als Rechtsänderung, sondern lediglich als Rechtsberichtigung. Güthe (1923 und 1929) § 19 Anm. 129, besonders Ende. Nachdem nach den obigen Ausführungen mangels Briefübergabe ein Pfandrecht an der Grundschuld noch nicht entstanden war, konnte daher auch die Eintragung der Pfändung noch nicht erfolgen.

Die gegen die Zurückweisung der beiden Anträge eventuell eingelegte Beschwerde wäre daher in der Richtung auf den ersten Antrag begründet, in der Richtung auf den zweiten Antrag unbegründet gewesen.

VII.

1. Rechtsverhältnis zwischen Kraus und Geyer. Liegt, was anzunehmen ist, eine entgeltliche Veräußerung vor, so war Kraus nach § 434 BGB. verpflichtet, dem Geyer die Grundschuld frei von Rechten zu verschaffen. Erfüllt Kraus diese Verpflichtung nicht, so bestimmen sich die Rechte des Geyer auf Grund des § 440 Abs. 1 nach §§ 433 bis 437 BGB. Kraus kann den Arrest und damit die Pfändungen durch Hinterlegung der im Arrest bestimmten Abwendungssumme nach § 823 ZPO. beseitigen. Die Aufhebung der getroffenen Maßnahmen erfolgt dann durch das Vollstreckungsgericht nach § 934 Abs. 1 ZPO.

2. Zwischen Geyer und Werner bestehen noch keine rechtlichen Beziehungen, da dem Geyer noch keine Rechte an der Grundschuld zustehen, Werner daher mit seiner Pfändung in Rechte des Geyer nicht eingreift.

3. Rechtsverhältnis zwischen Kraus und Werner: Nach § 929 Abs. 2 ZPO. ist die Vollziehung des Arrestes unstatthaft, wenn seit Inslebentreten des Arrestes, hier also seit der Zustellung des Beschlusses, ein Monat verstrichen ist; die Vollziehung muß bis dahin beendet sein. Beendet ist sie mit Pfändungsbeschluß und Briefübergabe. § 932 Abs. 3 ZPO. schlägt hier nicht ein, da eine Eintragung nicht in Frage kommt. Mit ersterem ist die Vollziehung nur begonnen. Gelingt es daher dem Werner binnen der Frist nicht, einen ergänzten Pfändungs- und Überweisungsbeschluß nach § 886 ZPO. zu erlangen, und mit diesem den Brief in seinen Besitz zu bekommen, so sind die bisherigen Arrestmaßnahmen unwirksam. Kraus kann dann die Aufhebung des Arrestbefehles nach § 827 ZPO. und die Beseitigung der Arrestmaßnahmen nach § 766 ZPO. verlangen. Stein-Jonas (1926) § 929 Anm. II, 3 und § 927 Anm. II, 2. Ferner auch Güthe (1923 und 1929) § 19 Anm. 130. Falls diese Aufhebung und Beseitigung erfolgt, hat das Grundbuchamt den Brief dem Geyer auszuhändigen und hat dieser damit die Grundschuld nach § 1154 Abs. 2 BGB. erworben.

VIII.

Wäre die Besitzübergabe des Briefes von Kraus an Geyer durch Vereinbarung nach § 931 BGB. oder § 1117 Abs. 2 BGB. ersetzt worden, so hätte mit dem Moment der Herstellung des Briefes nicht Kraus, sondern Geyer gegen das Grundbuchamt einen Anspruch auf Herausgabe des Briefes gehabt. Die durch Werner erfolgte Pfändung des „angeblichen" Herausgabeanspruchs des Kraus gegen das Grundbuchamt wäre gegenstandslos gewesen. Der Dritte kann dem Pfandgläubiger alle Einwendungen entgegensetzen, die ihm gegen den Schuldner zustehen, also auch den Einwand, daß der Anspruch (hier der Herausgabeanspruch) vorher an einen Dritten abgetreten worden ist. Stein-Jonas (1926) § 829 Anm. VII, 2b und IV, 1 am Ende. Das Grundbuchamt hätte daher in diesem Falle den Brief an den herausgabeberechtigten Geyer herausgeben müssen, womit dieser dann die Grundschuld erworben hätte.

Nr. 10.

Staatsprüfung 1928, Herbst I. Abt. 1. Aufgabe.*)

Es liegen drei Eintragungsanträge bezüglich der Buchhypothek zu 5000 *RM*, also bezüglich desselben Rechtes, vor:

1. Antrag des Reich auf Eintragung einer Vormerkung auf Übertragung der Hypothek, beim Grundbuchamt eingelaufen am 27. März 1928.

2. Antrag des Holz auf Löschung dieser Hypothek, beim Grundbuchamt eingelaufen am 29. März 1928.

3. Antrag des RA. Dr. Adler als Bevollmächtigten des Berg auf Eintragung der Pfändung dieser Hypothek, eingelaufen am 2. April 1928.

I.

Es soll vorerst angenommen werden, daß nur die Anträge Nr. 1 und 2 vorliegen.

1. Der Tatbestand ist dann folgender:

Am 12. Februar 1928 haben sich die Eheleute Weiß nach Behauptung des Reich verpflichtet, diesem die Hypothek abzutreten.

Am 23. Februar 1928 erging einstweilige Verfügung, in der zur Sicherung des Anspruchs des Reich die Eintragung einer Vormerkung angeordnet wurde. § 885 BGB. und §§ 935 ff. ZPO.

Am 27. März 1928 ist Antrag des Reich auf die Eintragung einer Vormerkung auf Grund der einstweiligen Verfügung beim Grundbuchamt eingelaufen.

Am 28. März 1928 erging Zwischenverfügung und Setzung einer Frist von 14 Tagen nach § 18 Abs. 1 GBO.

Am 29. März 1928 ist Antrag des Holz auf Löschung der Hypothek eingelaufen unter Vorlegung notariell beglaubigter Löschungsbewilligung der Eheleute Weiß, wonach Holz als persönlicher Schuldner die Forderung am 6. März 1928 bezahlt habe.

---

*) Schweitzers PrüfAufg. 1928, Heft 2 S. 5.

Am 30. März 1928 wurde Amtsvormerkung zugunsten des am 27. März 1928 eingelaufenen Antrags des Reich nach § 18 Abs. 2 GBO. eingetragen.

Am 2. April 1928 ist Antrag auf Berichtigung des Grundbuchs unter Vorlage einer beglaubigten Abschrift des Ehevertrags eingelaufen.

Am 3. April 1928 wurde der Antrag des Holz zurückgewiesen.

Am 7. April 1928 ist Beschwerde des Holz wegen Eintragung der Amtsvormerkung und Zurückweisung seines Löschungsantrages eingelaufen.

Sodann benachrichtigte das Grundbuchamt den Reich, daß das seinem Eintragungsantrag entgegenstehende Hindernis weggefallen sei.

Am 9. April stellte Reich Antrag auf endgültige Eintragung der Vormerkung.

Am 11. April 1928 wurde diese endgültig eingetragen.

2. In der Beschwerde des Holz vom 7. April 1928 ist folgendes gerügt:

α) Die Eintragung der Vormerkung sei unstatthaft gewesen, da die Eheleute Reich schon seit 6. März 1928 nicht mehr Gläubiger der Hypothek gewesen seien, über diese daher weder durch Eintragungsbewilligung noch durch einstweilige Verfügung hätte verfügt werden können.

β) Eine Vormerkung zugunsten einer Vormerkung könne nicht eingetragen werden, die erfolgte Eintragung sei wirkungslos.

γ) Die Eintragung der Vormerkung sei der Eintragung der Löschung nicht hindernd im Wege gestanden.

δ) Zum mindesten sei nicht Zurückweisung des Löschungsantrags veranlaßt gewesen, sondern höchstens Zwischenverfügung und Fristsetzung nach § 18 Abs. 1 GBO.

ε) Der Antrag auf Eintragung der Vormerkung hätte zurückgewiesen und dem Antrag auf Löschung hätte stattgegeben werden müssen.

Nach der Aufgabe soll, soweit die Anträge 1 und 2 in Frage kommen, über die Beschwerde des Holz und die Zulässigkeit der Eintragung der Vormerkung vom 11. April

1928 entschieden werden, dabei soll insbesondere das Verfahren des Grundbuchamts auf seine Rechtmäßigkeit geprüft werden.

3. Zunächst ist von folgendem auszugehen:

a) Eintragungsanträge können nach der Grundbuchordnung auf dreifache Weise behandelt werden: Steht der beantragten Eintragung kein Hindernis entgegen, so erfolgt Eintragung. Steht ihr ein Hindernis entgegen, so erfolgt regelmäßig Zurückweisung. Steht ihr aber ein Hindernis entgegen, das voraussichtlich in Bälde behoben werden kann, so erfolgt Zwischenverfügung mit Setzung einer Frist zur Behebung des Hindernisses; wird das Hindernis binnen der gesetzten Frist weggeräumt, so erfolgt nunmehr Eintragung, wird das Hindernis binnen der Frist nicht weggeräumt, so erfolgt nunmehr Zurückweisung; § 18 Abs. 1 GBO. Nur Eintragung und Zurückweisung bilden eine Erledigung des Eintragungsantrags, durch Zwischenverfügung wird der Antrag noch nicht erledigt.

b) Werden mehrere Eintragungen beantragt, durch die dasselbe Recht betroffen wird, so darf die später beantragte Eintragung nicht vor Erledigung des früher gestellten Antrags erfolgen; § 17 GBO. Dabei kann die Eintragung des ersten Antrags die Zurückweisung des zweiten Antrags zur Folge haben; wird z. B. vom eingetragenen Hypothekgläubiger zuerst die Umschreibung auf X und sodann die Eintragung der Verpfändung für Y beantragt, und wird die Hypothek auf X umschrieben, so muß natürlich sodann der zweite Antrag zurückgewiesen werden, da dessen Vollzug nunmehr § 40 GBO. im Wege steht; nur im Falle der Zurückweisung des ersten Antrags kann hier der zweite Antrag vollzogen werden. Es können aber auch unter Umständen beide Anträge allerdings mit verschiedenem Rang, eingetragen werden, wenn z. B. der Hypothekengläubiger die Eintragung eines Pfandrechts für X und dann für Y beantragt.

c) Ist nun auf den ersten Antrag eine Zwischenverfügung ergangen, so müßte, da diese keine Erledigung im Sinne des § 17 GBO. ist, mit dem zweiten Antrag zugewartet werden, bis der erste Antrag positiv durch Eintragung oder negativ durch Zurückweisung erledigt ist. Erst dann könnte, je nach Erledigung des ersten Antrages, zum zweiten Antrag Stellung genommen werden.

d) § 18 Abs. 2 GBO. bestimmt nun im Interesse der Beschleunigung des Verfahrens, daß in diesen Fällen zugunsten des ersten Antrags eine Amtsvormerkung oder ein Amtswiderspruch einzutragen ist; diese Eintragung „gilt" als Erledigung des ersten Antrags im Sinne des § 17 GBO.; der zweite Antrag kann daher gleich eingetragen werden. Wird nun binnen der gesetzten Frist das Hindernis des ersten Antrags weggeräumt, so wird dieser nunmehr endgültig eingetragen (Meikel § 18 Anm. 11) und die dieser Eintragung etwa entgegenstehende Eintragung auf den zweiten Antrag von Amts wegen gelöscht (Güthe-Triebel, 1923, § 18 Anm. 51). Wird dagegen das Hindernis nicht weggeräumt und der erste Antrag nunmehr zurückgewiesen, so werden Amtsvormerkung oder Amtswiderspruch von Amts wegen gelöscht, die Eintragung auf den zweiten Antrag bleibt hier selbstredend stets bestehen.

e) Das Grundbuchamt hat nun hier, und zwar wohl mit Recht, auf den ersten Antrag des Reich eine Zwischenverfügung erlassen, und zwar aus §§ 40, 48 GBO., und nachdem noch ein zweiter Antrag des Holz vorliegt, ist hier an sich der Tatbestand des § 18 Abs. 2 GBO. gegeben. Besonderheiten ergeben sich hier insofern, als mit dem ersten Antrag die Eintragung einer Vormerkung, und als mit dem zweiten Antrag die Eintragung einer Löschung beantragt ist. S. die Einwendungen des Holz unter β und γ. Dies soll im folgenden gewürdigt werden.

4. Einwendung unter β. Ob sich der Antrag auf Eintragung einer Vormerkung auf die Eintragungsbewilligung des Betroffenen, oder, wie hier, auf eine diese ersetzende einstweilige Verfügung des Prozeßgerichts stützt (§ 885 BGB.) ist gleichgültig. Fraglich ist, ob auch zugunsten einer Vormerkung eine Amtsvormerkung eingetragen werden kann. Dies wird zwar von Meikel, vor § 13 Anm. 4 b β im allgemeinen bestritten. Da aber auch der Antrag auf Eintragung einer Vormerkung ein Antrag auf Eintragung

im Sinne des § 17 GBO. ist, so ist kein Zweifel, daß auch dieser Antrag durch eine Vormerkung gesichert werden kann und muß. S. auch Güthe (1923 und 1929) § 18 Anm. 46 Abs. 4 Ende; Arnheim § 18 Anm. 42. Die Einwendung des Holz unter β) war daher unbegründet. Allerdings war die Eintragung vom Grundbuchamt nicht korrekt gefaßt; nach dem Muster in der DAfGBA. S. 407 Nr. 6 hätte wohl eingetragen werden werden sollen: „Vormerkung zur Sicherung des Anspruchs des Simon Reich auf Übertragung der Hypothek zu 5000 *RM* samt Zinsen vom 1. Oktober 1927 an, vorgemerkt von Amts wegen."

5. Einwendung unter γ. Konnte nunmehr die Löschung der Hypothek eingetragen werden? Allgemein und von unserem speziellen Fall vorerst ganz abgesehen ist zu sagen: Die Eintragung einer Vormerkung hat im allgemeinen eine Sperre des Grundbuchs nicht zur Folge; im Gegenteil dient die Vormerkung gerade dazu, weitere Eintragungen an demselben Recht unter Schutz des durch die Vormerkung Gesicherten zu ermöglichen; ist also z. B. eine Vormerkung zur Sicherung des Anspruchs auf Übertragung oder Belastung des Eigentums oder einer Hypothek eingetragen, so können Rechtsänderungen am Grundstück oder an der Hypothek ohne weiteres eingetragen werden, weil ja der Anspruch des Vormerkungsberechtigten nach § 883 Abs. 2 BGB. geschützt ist.

Eine Ausnahme besteht aber für die Eintragung einer Löschung; würde ein mit einer Vormerkung belastetes Recht gelöscht werden, so würde damit nicht nur das Recht gelöscht, sondern auch die Vormerkung vereitelt werden, da nach Löschung des Rechtes nichts mehr übrig bliebe, woran der Vormerkungsberechtigte sich halten könnte. Die Verfügungsbefugnis über ein durch Vormerkung belastetes Recht hat also ihre Grenze darin, daß die Verfügung nicht die Beseitigung der Vormerkung selbst herbeiführen darf; Löschung ist also hier nicht möglich, und es ist dabei gleichgültig, ob es sich um eine gewöhnliche Vormerkung nach § 883 BGB., um eine Amtsvormerkung nach § 18 Abs. 2 GBO. oder um eine Amtsvormerkung zum Schutze einer Vormerkung handelt (RGRK. [1921 u. 1928] § 883 Anm. 11; Planck [1920] § 883 Anm. 3 g; Staudinger [1926] § 883 Anm. V 1 a γ; Güthe [1923 und 1929] § 25 Anm. 20 Abs. 2).

Es ist daher auch die Einwendung des Holz unter γ, daß die Eintragung der Vormerkung der Eintragung der Löschung nicht hindernd im Wege gestanden sei, unbegründet.

6. Solange daher die Amtsvormerkung eingetragen war, konnte die Hypothek nicht gelöscht werden. In Abweichung des in § 18 Abs. 2 GBO. angegebenen Verfahrens hätte daher, wie oben unter 3c ausgeführt, mit Erledigung des zweiten Antrags ohne dessen Eintragung bis zur Erledigung des ersten Antrags zugewartet werden müssen. Wurde das Hindernis binnen der Frist behoben, so hätte die Amtsvormerkung in eine endgültige Vormerkung umgewandelt und infolgedessen der zweite Antrag zurückgewiesen werden müssen. Wurde das Hindernis nicht behoben, so hätte der erste Antrag zurückgewiesen, die Amtsvormerkung gelöscht, und, nachdem der Eintragung des zweiten Antrags nunmehr ein Hindernis nicht mehr im Wege stand, die Löschung eingetragen, also die Hypothek gelöscht werden müssen.

a) Das richtige Verfahren wäre also folgendes gewesen: Auf Grund des Berichtigungsantrags vom 2. April und Vorlage des Ehevertrags (in beglaubigter Abschrift) vom 7. Januar 1925 konnte im Grundbuch nach §§ 13, 22, 29 GBO. die Hypothek auf die Eheleute Weiß in allgemeiner Gütergemeinschaft berichtigt werden. Damit war das Hindernis für den Vollzug des ersten Antrags weggeräumt, und zwar während der gesetzten Frist. Es hätte nunmehr die Amtsvormerkung in eine endgültige Vormerkung umschrieben werden sollen. Damit war dann der erste Antrag erledigt und konnte zum zweiten Antrag Stellung genommen werden.

Beizufügen ist, daß der Ehevertrag (§ 1434 BGB.) selbstverständlich eine öffentliche Urkunde ist, und daß auch eine beglaubigte Abschrift hievon eine öffentliche Urkunde ist. Meikel § 29 Anm. 4c und Güthe-Triebel (1923) § 29 Anm. 137 und 35. Dem Erfordernis des § 29 Satz 2 ist daher Genüge geleistet. Das Alter des Ehevertrags (7. Januar 1925) dürfte dessen Beweiskraft nicht im Wege stehen. Meikel § 34 Anm. 11b. Durch § 34 GBO. wird die Zulässigkeit anderer Beweismittel nicht ausgeschlossen. Meikel § 34 Anm. 1 und 10.

b) Das Grundbuchamt hat in unrichtiger Reihenfolge verfahren. Das Grundbuch wurde zwar ordnungsgemäß berichtigt, es wurde aber dann gleich der Löschungsantrag des Holz zurückgewiesen und dann erst die Amtsvormerkung in eine endgültige Vormerkung umgewandelt, und zwar nicht von Amts wegen, sondern auf Antrag der Eheleute Reich. Trotzdem ist eine allenfalls zulässige (s. hiewegen unten V) Beschwerde des Holz nicht begründet, da das Grundbuchamt zwar hiedurch gesetzliche Vorschriften verletzt hat, durch diese Eintragungen aber das Grundbuch nicht unrichtig geworden ist, sondern im Endergebnis auch hier richtig geworden ist (§ 71 Abs. 2 mit § 54 Abs. 1 GBO.).

c) Beizufügen ist noch: Das Verfahren des § 18 Abs. 2 GBO. hat zur Voraussetzung, daß der zweite Antrag überhaupt einstweilen eingetragen werden kann. Das ist hier, da es sich um Löschung eines mit Vormerkung belasteten Rechtes handelt, wie oben ausgeführt, nicht möglich. Es wäre daher hier die Eintragung einer Amtsvormerkung, die ja nur den Schutz des ersten Antrags gegen die auf den zweiten Antrag tatsächlich erfolgte Eintragung bezweckt, gar nicht nötig gewesen, das Grundbuchamt hätte einfach mit der Verbescheidung des zweiten Antrags bis zur Erledigung des ersten Antrags warten können, und hätte dann, je nach positiver oder negativer Erledigung des ersten Antrags, den zweiten Antrag zurückweisen oder ihm stattgeben können. Eine Beschwerde gegen das hier vom Grundbuchamt eingeschlagene Verfahren ist aber auch in dieser Hinsicht nach § 71 Abs. 2 mit § 54 Abs. 1 GBO. nicht begründet.

7. Einwendung unter δ. Die Löschung der Hypothek hätte allerdings mit Zustimmung des Vormerkungsberechtigten Reich erfolgen können; s. Planck (1920) § 883 Anm. 3g. Der Eintragung der Löschung stand also das Vollzugshindernis der mangelnden Einwilligung des Reich entgegen. Ob das Grundbuchamt wegen dieses Vollzugshinder-

nisses den Antrag zurückweisen oder eine Zwischenverfügung nach § 18 Abs. 1 GBO. erlassen wollte, stand in seinem Ermessen. Da es sich aber sagen mußte, daß Reich seine Ansprüche und Rechte, die er auf Grund des Vertrages vom 12. Februar 1928, der einstweiligen Verfügung vom 22. März 1928 und der Amtsvormerkung erworben hatte, sicherlich nicht zugunsten des Holz preisgeben würde, eine Friststellung daher gar keinen Zweck hatte, so hat es mit Recht den Antrag gleich zurückgewiesen.

8. Einwendung unter *a*. Ist richtig, daß die Hypothek zu 5000 *RM* schon am 6. März 1928 vom Eigentümer und persönlichen Schuldner Holz den Gläubigern Weiß bezahlt worden ist, so hat sie sich nach §§ 1163, 1177 BGB. in eine Eigentümergrundschuld des Holz verwandelt, die Eheleute Weiß konnten daher nach diesem Zeitpunkt die Hypothek an Reich an sich nicht mehr abtreten; auch der Antrag auf Eintragung einer Vormerkung zur Sicherung des Abtretungsanspruches war an sich materiellrechtlich nicht mehr gerechtfertigt, mochte der Antrag auf Grund Einwilligung des Betroffenen oder auf Grund einstweiliger Verfügung (§ 885 BGB.) ergangen sein. Durfte nun das Grundbuchamt seine Kenntnis von der materiellen Rechtslage hier verwerten und den Antrag Reich zurückweisen?

Die Entscheidung des Kammergerichts vom 23. August 1904 geht in KGJ. 28 A 279 ff. von einem ganz ähnlichen Tatbestand aus: Mit einstweiliger Verfügung des Prozeßgerichtes war die Eintragung einer Vormerkung zur Sicherung des Anspruchs auf Umschreibung einer Hypothek angeordnet worden, das Grundbuchamt hatte wegen Nichtvorlage des Briefes Zwischenverfügung erlassen, während des Fristenlaufs wurde Antrag auf Löschung der Hypothek auf Grund einer schon vor Erlaß der einstweiligen Verfügung erteilten Löschungsbewilligung gestellt. Der Löschungsantrag wurde zurückgewiesen, desgleichen wurde die weitere Beschwerde gegen diesen Beschluß zurückgewiesen. In den Gründen ist ausgeführt: „Schon der Versuch des Beschwerdeführers, die Wirksamkeit der Vorschrift des § 18 Abs. 2 GBO. dahin einzuschränken, daß die dort angeordnete, von Amts wegen vorzunehmende Eintragung in Fortfall kommen soll, sobald es sich ergeben würde, daß der erste Antrag nach dem sachlichen Inhalt des späteren Antrags unbegründet sei, verstößt gegen § 17, § 18 Abs. 2 GBO. Denn nach § 17 darf die später beantragte Eintragung, hier also die Löschung, nicht vor der tatsächlichen „Erledigung" des früheren Antrags, hier des Antrags auf Eintragung der Vormerkung, erfolgen. Nicht die Frage, wie der erste Antrag unter Berücksichtigung des Inhaltes des zweiten Antrags zu beurteilen sein würde, sondern lediglich die Frage, wie der Grundbuchrichter den ersten Antrag, gleichviel zutreffend oder unzutreffend, wirklich bereits beurteilt hat, ist entscheidend für die Anwendung des § 18 Abs. 2 GBO. Der Grundbuchrichter war also, um zu dem Löschungsantrage Stellung nehmen zu können, verpflichtet, bis zur Beseitigung derjenigen Hindernisse, welche nach seiner Auffassung dem Antrag auf Eintragung der beantragten Vormerkung entgegenstanden, jene Vormerkung von Amts wegen einzutragen. Letztere Eintragung aber schloß wiederum die beantragte Löschung der Post ohne Zustimmung des Vormerkungsberechtigten aus und zog die Zurückweisung des Antrags nach sich. — Bereits hiernach erscheint die weitere Beschwerde unbegründet, und der Beschwerdeführer mußte die endgültige Entscheidung des Grundbuchrichters über den ersten Antrag abwarten. Der Grundbuchrichter konnte aber auch aus dem Inhalt der Quittung und Löschungsbewilligung, insbesondere aus der Tatsache, daß sie vor Erlassung der einstweiligen Verfügung verlautbart waren, einen Grund zur Zurückweisung des Antrags auf Eintragung der beantragten Vormerkung nicht ableiten. Die gerichtliche einstweilige Verfügung ersetzt den Willen des Schuldners auf Eintragung einer Vormerkung. Mag es auch sein, daß jene einstweilige Verfügung möglicherweise wirkungslos sein konnte, weil zur Zeit ihrer Erlassung der Zedent nicht mehr Gläubiger der Post war, so beeinträchtigte dies doch nicht die formelle Rechtmäßigkeit des die Vormerkung betreffenden Eintragungsantrags, und der Streit über die Frage der Legitimation des Zedenten als materiell Berechtigten zur Zeit der Erlassung der einstweiligen Verfügung war nicht vom Grundbuchrichter zu entscheiden, sondern im ordentlichen Rechtswege zum Austrage zu bringen". S. auch Güthe-Triebel (1923) § 18 Anm. 40.

Es ist daher auch die Einwendung unter *a*) unbegründet.

Zu bemerken ist noch, daß dem Holz, nachdem sein Antrag auf Hypotheklöschung zurückgewiesen worden war, freigestanden hätte, im Wege der einstweiligen Verfügung einen Widerspruch gegen die Rechtsgültigkeit der Hypothek, vielmehr gegen die Inhaberschaft der Eheleute Weiß eintragen zu lassen, und damit wäre er gegen alle künftigen durch den öffentlichen Glauben des Grundbuchs möglichen Gefahren gesichert gewesen.

9. Mit den bisherigen Ausführungen ist auch die Einwendung *e* erledigt.

II.

Es soll des weiteren vorerst angenommen werden, daß nur die Anträge Nr. 2 und Nr. 3 vorliegen.

1. Aus §§ 17, 18 GBO. würde sich folgendes ergeben:

a) Wäre der Antrag Holz durch Eintragung erledigt, also die Hypothek gelöscht worden, so hätte der Antrag Berg auf Eintragung der Pfändung der Hypothek selbstredend zurückgewiesen werden müssen, da ja ein zu pfändendes Recht nicht mehr vorhanden war.

b) Wäre der Antrag Holz aus irgendeinem Grunde durch Zurückweisung erledigt worden, so hätte sodann der Antrag Berg durch Eintragung der Pfändung der noch eingetragenen Hypothek erledigt werden müssen.

c) Wäre auf den Antrag Holz Zwischenverfügung ergangen, so hätte nunmehr zugunsten des Holz bei der Hypothek ein Amtswiderspruch eingetragen und dann die Pfändung der Hypothek für Berg eingetragen werden müssen. Wäre dann binnen der gesetzten Frist das dem Antrag Holz entgegenstehende Hindernis weggeräumt worden, so hätte von Amts wegen sowohl die Hypothek als auch die Pfändung gelöscht werden müssen. Wäre dagegen binnen der Frist das Hindernis nicht weggeräumt worden, so hätte von Amts wegen der Amtswiderspruch gelöscht werden müssen.

2. Hier wurde der Löschungsantrag Holz zurückgewiesen (also Fall 1 b). Der Erledigung des Antrags Berg durch Eintragung der Pfändung der Hypothek stand daher nichts im Wege.

3. Auch gegen die Eintragung der Pfändung hat Holz Beschwerde eingelegt und folgende Einwendungen erhoben:

α) Die Eintragung der Pfändung sei unstatthaft gewesen, da die Eheleute Weiß schon bei Erlassung des Pfändungsbeschlusses nicht mehr Gläubiger der Hypothek gewesen seien und daher nicht mehr befugt gewesen seien, selbst durch eine ihren Willen ersetzende gerichtliche Verfügung über die Hypothek zu verfügen.

β) Überdies sei der Pfändungsbeschluß nichtig wegen erfolgter Veränderung des Wohnsitzes der Eheleute Weiß.

γ) Die Hypothek hätte gelöscht und der Pfändungsantrag zurückgewiesen werden müssen.

3. Auf diese Einwendungen ist zu entgegnen.

a) Nachdem der Antrag Holz durch Zurückweisung erledigt war, mußte nach § 17 GBO. der Antrag Berg, dessen Vollzug formelle Hindernisse nicht im Wege standen, durch Eintragung erledigt werden. Allerdings mochte der Pfändungsbeschluß möglicherweise wirkungslos sein, weil nach der dem Grundbuchamte am 29. März 1928 vorgelegten Quittung und Löschungsbewilligung der Eheleute Weiß deren Hypothek schon am 6. März 1928 durch den Grundstückseigentümer und persönlichen Schuldner zurückgezahlt worden war. Allein dies beeinträchtigte nicht die formelle Rechtsmäßigkeit des Pfändungs- und Überweisungsbeschlusses. Die Frage, ob im Zeitpunkt der Zustellung des Pfändungsbeschlusses an Holz (§ 829 Abs. 2 und 3 ZPO.) die Eheleute Weiß noch Gläubiger der Hypothek waren, war nicht vom Grundbuchamt zu entscheiden, sondern im Prozeßweg zum Austrag zu bringen.

b) Der Pfändungsbeschluß vom 13. März 1928 war zwar von einem unzuständigen Gerichte erlassen worden.

Denn nach der vorgelegten Bestätigung des Amtsgerichtes Hochkirch vom 2. April 1928 hatten die Eheleute Weiß schon bei Erlassung des Pfändungsbeschlusses ihren Wohnsitz nicht mehr in Felden, sondern in Hochkirch, Amtsgericht Hochkirch. Es wäre daher nach §§ 828, 802 ZPO. zur Erlassung des Pfändungs- und Überweisungsbeschlusses das Amtsgericht Hochkirch ausschließlich zuständig gewesen, der vom Amtsgericht Felden erlassene Beschluß war daher an sich rechtsunwirksam (Stein-Jonas [1926] § 828 Anm. III).

Dem Grundbuchamt steht aber nicht die Befugnis zu, die Gültigkeit des Pfändungsbeschlusses zu prüfen (Predari, S. 379, 380).

c) Das Grundbuchamt hat daher mit Recht die Hypothek gelöscht und die Pfändung eingetragen.

d) Beizufügen ist noch: Die Hypothek wurde dem Reich nur zur Einziehung, nicht aber an Zahlungs Statt überwiesen; nur im letzteren Fall wäre die Eintragung der Überweisung im Grundbuch erforderlich gewesen; im ersteren Fall bleibt der Schuldner noch Inhaber der Hypothek, eine Eintragung findet daher hier nicht statt und wurde mit Recht nicht eingetragen (Stein-Jonas [1926] § 837 Anm. II). Die Begründung des Grundbuchamtes, der Löschungsantrag des Holz sei deswegen zurückgewiesen worden, weil die Zustimmung auch des Berg zur Löschung nicht beigebracht sei, war natürlich unrichtig, nachdem Antrag Berg nach dem Antrag Holz eingelaufen ist und auch § 876 BGB. nicht in Frage steht.

III.

Wären nur Antrag 1 und Antrag 3 gestellt gewesen, so ergäbe sich: Dem Vollzug des Antrags 3 wäre das gleiche Hindernis nach §§ 40, 48 GBO. im Wege gestanden wie dem Antrag 1. Es hätte daher auch wegen des Antrags 3 Zwischenverfügung nach § 18 Abs. 1 GBO. ergehen müssen, eine Amtsvormerkung wäre natürlich hier nicht in Frage gekommen. Nachdem nun durch Berichtigung des Güterstandes für beide Anträge das Hindernis beseitigt war, hätte nunmehr die Vormerkung für Reich und die Pfändung für

Berg eingetragen werden können. Hätte Reich nicht die Eintragung einer Vormerkung, sondern die endgültige Übertragung der Hypothek beantragt, und hätte nach Beseitigung des Hindernisses dieser Antrag durch Eintragung erledigt werden können, so hätte selbstredend des weiteren der Antrag des Berg zurückgewiesen werden müssen, da nunmehr nicht mehr Eheleute Weiß, gegen die sich der Pfändungsbeschluß richtet, sondern Reich im Grundbuch als Gläubiger eingetragen gewesen wäre.

IV.

Aus dem Zusammentreffen aller drei Anträge ergibt sich hiemit folgendes:

Antrag Reich und Antrag Holz sind, wie sich aus den Ausführungen unter I ergibt, im allgemeinen richtig behandelt worden.

Damit, daß Antrag Holz zurückgewiesen, also im Sinne des § 17 GBO. erledigt wurde, steht dieser Antrag der Erledigung des Antrags Berg nicht mehr im Wege. Dessen Erledigung durch Eintragung der Pfändung stand auch die auf Antrag Reich ergangene Amtsvormerkung nicht im Wege.

Dagegen hat das Grundbuchamt zu Unrecht die eingetragene Hypothekenpfändung nachträglich von Amts wegen wieder gelöscht. Wie oben ausgeführt, wurde die Pfändung richtig eingetragen. War das Grundbuchamt der (allerdings unrichtigen) Ansicht, diese Eintragung wäre unter Verletzung gesetzlicher Vorschriften vorgenommen und es wäre dadurch das Grundbuch unrichtig geworden, so hätte es allenfalls gegen die Pfändung einen Amtswiderspruch nach § 54 Abs. 1 GBO. eintragen können; auf keinen Fall aber durfte es die Eintragung löschen. Gegen diese hiemit zu Unrecht erfolgte Löschung hätte Berg Beschwerde einlegen können.

V.

Ist Arrest angeordnet worden und will er durch Eintragung einer Sicherungshypothek nach § 932 ZPO. vollzogen werden, so müßte an sich nach § 929 Abs. 2 ZPO. die Eintragung im Grundbuch binnen einer Frist von einem Monat erfolgen; nach § 932 Abs. 3 ZPO. gilt jedoch schon der beim Grundbuchamt binnen dieser Frist eingelaufene Antrag auf Eintragung der Hypothek als Vollziehung im Sinne des § 929 Abs. 2. Ob diese Bestimmung auch für einstweilige Verfügungen gilt, auf Grund deren eine Eintragung im Grundbuch stattzufinden hat, und zwar allgemein, also nicht nur bei Eintragungen von Hypotheken, sondern auch bei anderen Eintragungen, ist bestritten. Nach Stein-Jonas (1926) § 938 Anm. III, 1 Note 44 und § 941 Anm. II Note 6 ist auch hier § 932 Abs. 3 entsprechend anzuwenden; wegen der einzelnen Ansichten s. Förster-Kann (1926) § 936 Anm. 3, a, bb. Zu dieser Streitfrage braucht hier aber nicht Stellung genommen zu werden; denn die einstweilige Verfügung, durch welche die Eintragung einer Vormerkung zur Sicherung des Anspruchs des Reich auf Eintragung der Übertragung der Hypothek angeordnet wurde, ist frühestens am 23. März 1928 verkündet oder zugestellt worden, die Vormerkung wurde am 11. April 1928 endgültig eingetragen; die Frist des § 929 Abs. 2 ZPO. ist also auf jeden Fall gewahrt worden. Ob auch die Zustellung innerhalb einer Woche nach § 929 Abs. 3 mit § 936 ZPO. erfolgt ist, hat das Grundbuchamt nicht zu prüfen (Stein-Jonas [1926] § 932 Anm. II, 2).

VI.

Holz hat gegen die Eintragung der Vormerkung vom 30. März, gegen die Eintragung der Hypothekenpfändung vom 3. April und gegen die Zurückweisung des Löschungsantrags Beschwerde erhoben.

Nach § 71 Abs. 1 GBO. können die Entscheidungen des Grundbuchamtes im Beschwerdewege aufgehoben oder abgeändert werden. Nach § 71 Abs. 2 GBO. können aber Eintragungen — und zu diesen gehören auch die Löschungen — nicht im Beschwerdewege gelöscht oder abgeändert werden; hier ist nur die Eintragung eines Widerspruchs gegen die angefochtene Eintragung möglich.

Nachdem die sachlichen Entscheidungen des Grundbuchamtes positiv in Eintragungen und negativ in Zurückweisungen von Eintragungsanträgen zerfallen, kann also im allgemeinen gesagt werden: Nur gegen Zurückweisungen, nicht aber auch gegen Eintragungen ist Beschwerde mit dem Antrag auf Aufhebung bzw. Löschung zulässig.

In zwei Fällen aber bestehen für die Eintragungen Ausnahmen von der Ausnahme des § 71 Abs. 2 GBO., so daß für sie wieder die Regel des § 71 Abs. 1 GBO. gilt: Auch Eintragungen können im Beschwerdewege zur Löschung gebracht werden, wenn es sich

1. um Eintragungen handelt, auf die sich der öffentliche Glaube des Grundbuchs nicht erstreckt; dazu gehören besonders die Eintragungen von Vormerkungen und Widersprüchen und die im Wege der Zwangsvollstreckung ergangenen Eintragungen (Güthe-Triebel [1925 und 1929], § 71 Anm. 9; Meikel, § 71 Anm. 2 d; Henle-Schmitt § 71 Anm. 5 e).

2. wenn die Eintragung ihrem Inhalte nach unzulässig ist (§ 71 Abs. 2 mit § 54 Abs. 1 Satz 2 GBO.).

Die Beschwerde wendet sich hier gegen die Eintragung einer Vormerkung, gegen die Eintragung einer Pfändung und gegen eine Zurückweisung; alle drei Beschwerden sind also hier zulässig. Die Beschwerden sind formgerecht eingelegt, als einfache Beschwerden sind sie an eine Frist nicht gebunden.

Wie aber oben ausgeführt, sind die an sich zulässigen Beschwerden nicht begründet, sie müssen daher aus diesem Grunde zurückgewiesen werden.

Für die Vorbereitung zur Staatsprüfung eignen sich erfahrungsgemäß vor allem diese Zeitschriften:

Leipziger Zeitschrift für Deutsches Recht

Gegr. i. J. 1907 von Düringer, Jaeger, Könige.

Herausgegeben von

OLGRat Dr. Hans Schuler in München

Mit der Beilage: Blätter für internationales Privatrecht herausgeg. von Justizrat Dr. L. Wertheimer, Professor, Frankfurt a. M. Jährlich 24 Hefte. Mit der Beilage viertelj. RM. 6.—, für Referendare RM. 4.80.

Zeitschrift für Rechtspflege in Bayern

Herausgegeben von

ObLGRat J. Schiedermair in München.

Jährl. 24 Nummern. Viertelj. RM. 4 —.

Bayerische Gemeinde- und Verwaltungszeitung

Zeitschrift für alle Angelegenheiten der bayer. Staats- und Selbstverwaltung, d. Bayer. Städtebundes u. Kreistagverbandes

Herausgegeben von Dr. Georg Ziegler,

Ministerialrat im Staatsministerium für Landwirtschaft und Arbeit.

Jährlich 36 Nummern. Bezugspreis vierteljährlich RM. 4.—.

Die BayGemVZ. bringt zwei Beilagen:

Bayerische Fürsorgeblätter. Mitteilungen der Bayer. Landeshauptfürsorgestelle für Kriegsbeschädigte und Kriegshinterbliebene. Herausgegeben von MRat Dr. Max Geiger im Bayer. Staatsministerium des Innern.

Monatlich 1 Heft mit mindestens 40 Spalten Umfang. Für BayGemVZ.-Abonnenten kostenlos, sonst RM. 2.— vierteljährlich.

Mitteilungsblatt des Landesarbeitsamts Bayern. Monatlich 1 Nummer mit 8 Spalten. Für BayGemVZ.-Abonnenten kostenlos, sonst jährlich RM. 2.50 (nur durch das Landesarbeitsamt).

J. Schweitzer Verlag (Arth. Sellier) München, Berlin, Leipzig

Jaeger, Reichszivilgesetze

Sammlung der wichtigsten Reichsgesetze über Bürgerliches Recht und Rechtspflege. Für die Praxis und Rechtslehre herausgegeben von GehRat Prof. Dr. E. Jaeger, Leipzig. 7. Auflage. Stand vom Juli 1929, ergänzt auf den Stand v. April 1930. Format 17,0×26,5 cm. 1487 S. Leinen geb. RM. 31.—.

Bis Mitte 1931 erscheint:

Meikel, Grundbuchordnung

3. Auflage bearbeitet von Dr. Wilhelm Imhof, Notariatsassessor in München.

Ziegler, Verwaltungsgesetze

Sammlung in der Praxis oft angewandter Verwaltungsgesetze nebst Verordnungen für Bayern. Herausgegeben von Ministerialrat Dr. Gg. Ziegler, München. 5. Auflage 1927. Bd. I: Reichsteil. Gr. 8°. 798 S.; Bd. II: Landesteil. Gr. 8°. 1067 S.; Nachtrag 1928. Gr. 8°. 118 S. Leinen geb. RM. 37.—, Nachtrag allein RM. 2.40.

Die juristische Staatsprüfung

Eine Anleitung für Referendare, von Theodor von der Pfordten, weil. Oberstlandesgerichtsrat. In 4. Auflage neubearbeitet von J. Hümmer, Oberstlandesgerichtsrat. 1930. 8°. 46 S. Geh. RM. 1.60.

J. Schweitzer Verlag (Arth. Sellier) München, Berlin, Leipzig

Schiedermair, J., Rat am Bay. Obersten Landesgericht:

Die Vorbedingungen für den höheren Justiz- und Verwaltungsdienst in Bayern. 8°. 213 S. 1926 mit Nachtrag 1927. Kart. RM. 5.80

Pfordten, Th. v. der, W. Rat a. Bay. Oberst. Landesgericht:

Der dienstliche Verkehr und die Amtssprache unter Berücksichtigung des Dienstes bei den Justizbehörden. 5. Aufl. 8°. 128 S. 1921. RM. 2.—.

Staatsprüfungsaufgaben für den höheren Justiz- und Verwaltungsdienst in Bayern. Mit amtlicher Genehmigung gedruckt. 8°. 1 Heft. RM. 2.—, ältere Hefte billiger.

Serienpreise: Jahrgang 1900—1929 (39 Hefte) RM. 34.—.

Jahrgang 1919(I)—1929 (22 Hefte) RM. 23.—.

Mattil, Dr. Friedr., Amtsgerichtsrat in Ludwigshafen:

Zehn Lösungen aus dem Strafrecht der Staatsprüfungsaufgaben 1926—29. 1930. 8°. 141 S. Geh. RM. 4.—.

Kisch, Dr. W., Geh.-Rat, Professor in München:

Fälle aus dem bürgerlichen Recht. 5. u. 6. Auflage. 8°. 192 S. 1928. Kart. RM. 4.80.

J. Schweitzer Verlag (Arth. Sellier) München, Berlin, Leipzig

FSC
www.fsc.org
MIX
Papier | Fördert
gute Waldnutzung
FSC® C083411

Kolibri 360 GmbH
Ferdinand-Jühlke-Straße 7
99095 Erfurt, Deutschland
produktsicherheit@kolibri360.de